GOETHE
zum Schmunzeln

GOETHE
zum Schmunzeln

Ein vergnügliches
Lesebuch
von und über
J. W. v. Goethe

tosa

Textzusammenstellung: Ulrike Müller-Kaspar
Umschlaggestaltung: Atelier Höpfner-Thoma
Coverdia von Artothek Hinrichs zur Verfügung gestellt,
Eigentümer des Bildes: Städelsches Kunstinstitut, Frankfurt
Satz und Layout: Die Textwerkstatt

Druck: Ueberreuter Print

Vorwort 7

Der heitere Goethe 11
Goethe über Goethe 18
Goethe und die Vernunft 23
Goethe und der Ruhm 25
Autogrammjäger 30
Besucher 31
Dichterabfall 36
Tierisches 40

Der verliebte Goethe 43
Liebe mit Hindernissen 49
Handfestes Genießen 73
Nicht jugendfrei 81

Der ketzerische Goethe 87
Respektlos 89
Keine Angst vor Königen 92
Minister Goethe 95
Universitäten 96
Menschen 97
Nationalismus 104
Kirche 105
Der Teufel 111
Magie! 112
Da staunt selbst der Teufel 118
Aberglaube 121

Der kritische Goethe 133
Zeitzeuge 135
Kaiser und König zu Gast 139
Marie Antoinette 160
Die Vereinigten Staaten 167
Italien 168

Der kinderliebende Goethe 177
Die Welt der Kinder 179

Der beobachtende Goethe 197
Die Schönheit des Menschen 199
Weltbild aus Spiegelungen 201
Nachbild 203
Goethe und Newton 204
Galilei 206
Optische Täuschungen 206
Vulkanismus 207
Auf der Suche nach der Urpflanze 210
Wissenschaftlicher Ruhm 211

Der klassische Goethe 215

Vorwort

Goethe zum 250. Geburtstag einen Blumenstrauß darzubringen ist allem Anschein nach ein vermessenes Unterfangen. Man sollte meinen, Goethe ist hinlänglich bekannt, und bei ihm gibt es nichts mehr zu entdecken. Doch seien wir ehrlich: Steht er nicht auch bei uns auf dem Bücherregal, mit Goldschnitt, als Klassiker abgestempelt und selten gelesen?

Goethe hat Besseres verdient. Erinnern wir uns: da gab es doch einmal den Mephisto-Goethe, der sich so herrlich zitieren lassen konnte:

Von Zeit zu Zeit seh ich den Alten gern
und hüte mich, mit ihm zu brechen.
Es ist gar nett von einem hohen Herrn,
so menschlich mit dem Teufel selbst zu sprechen ...

... oder überhaupt in aller Munde war mit Sprüchen wie:

Das also war des Pudels Kern!

Ein Klassiker? – Zeilen wie:

Zählt einer mehr als 30 Jahr,
so ist er schon so gut als tot

aus seinem „Faust" klingen überraschend modern. Denken Sie an den Spruch, der in den Siebziger Jahren kursierte: „Trau keinem über 30". – Ob es der Geheime Rat ist, der ein Kinderfest veranstaltet, bei dem mancher Mutter des 18. Jahrhunderts die Haare zu Berge gestanden hätten, oder der Italienreisende, der sich mehr auf den Vesuv hinauf ziehen läßt als daß er ihn besteigt – immer wieder stellt sich heraus: Goethe verdient es, häufiger gelesen zu werden.

Seine eigene Sprache scheint uns jedoch zunehmend ein Hindernis zu sein. Sein Wortschatz war gewaltig, und das nicht zum Zwecke des Reimens, sondern aus umfassender Bildung heraus. Viele Worte, die er verwendet, kennen wir kaum noch. Umgekehrt hätte Goethe seinerseits viele Worte nicht verstanden, die uns heute geläufig sind.

Was immer mehr notwendig wird, ist ein „Reiseleiter" zu Goethe. Der Erläuterungen gibt und dort mit Hintergrundwissen aufwartet, wo Anspielungen andernfalls verpuffen. Ein solcher Reiseleiter will dieser Band sein.

Seine Zeitgenossen hatten mit Goethe ihre Schwierigkeiten. Er provozierte. Als Student in Leipzig durch sein ungeheures Wissen, später durch seine Weigerung, sich in irgend eine Schachtel sperren zu lassen. Je nachdem wurde er verrissen, ausgelacht oder verboten. Goethe selbst trug dieses Echo mit Gelassenheit, manchmal war er verwundert.

Ursprünglich eignen Sinn
laß Dir nicht rauben,
woran die Menge glaubt,
ist leicht zu glauben.

Dieser Satz findet sich in jedem besseren Poesie-Album, und wird genauso oft nicht beherzigt wie geschrieben oder gelesen. In teuren Seminaren lernen wir heute, uns von den Erwartungen anderer, unserer Eltern, unserer Umgebung, zu befreien und wir selbst zu sein. Goethe hätte uns ein Vorbild sein können: dabei, sich nicht anzupassen bis zur Selbstverleugnung, sondern zu unserer eigenen Persönlichkeit zu stehen.

Daß es schwer ist, immer authentisch zu sein, und das auch gegen alle Anfechtungen, hat Goethe offenbar auch empfunden. Er karikiert dieses Gefühl in einem kurzen Gedicht, das er „den Originalen" widmet. Um es zu verstehen, muß man wissen, daß „quidam" lateinisch ist und ungefähr „jemand" bedeutet.

Ein Quidam sagt: „Ich bin von keiner Schule;
Kein Meister lebt, mit dem ich buhle;
Auch bin ich weit davon entfernt,
Daß ich von Toten was gelernt."
Das heißt, wenn ich ihn recht verstand:
„Ich bin ein Narr auf eigne Hand."

Hatte Goethe selbst nicht etwas von einem Narren? Lassen wir einmal das Kinderbild des Zirkusclowns beiseite. Denken wir eher an den Hofnarren, der als einziger dem Fürsten die unangenehme Wahrheit sagen darf. Doch noch ein anderer Narr drängt sich auf: Im Tarot ist der Narr der Anfang und das Ende. Die in sich runde Persönlichkeit, die ihren Weg geht, voll Vertrauen, daß es der richtige ist. Die sich nicht darum schert, was andere denken oder auf welchen Abgrund sie gerade zuläuft. Der Weg des Narren, das ist der Weg, den Goethe ging. Unver-standen oft, einsam manchmal, aber immer authentisch.

Unsere Zeit braucht authentische Geister. Goethe kann uns Vorbild sein.

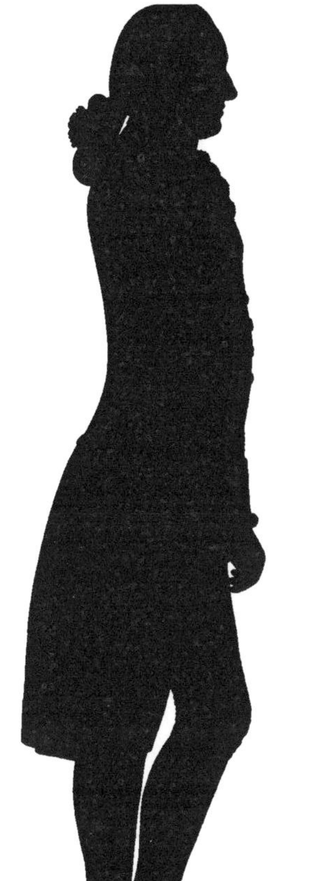

1

Der heitere Goethe

Das Leben

Gedichte, die mit „Das Leben“ beginnen, enden meist mühsam. Hier hingegen zeigt sich Goethe zum ersten Mal als Spötter und Kritiker seiner Zeit. Das Bild vom Gänsespiel sollte erklärt werden: Es handelt sich um ein Würfelspiel, auf dessen Feldern Gänse und andere Bilder gemalt sind. Eine Gans, die sich umdreht, bedeutet „Zurück an den Start“.

Das Leben ist ein Gänsespiel:
Je mehr man vorwärts gehet,
Je früher kommt man an das Ziel,
Wo niemand gerne stehet.
Man sagt, die Gänse wären dumm,
O glaubt mir nicht den Leuten:
Denn eine sieht einmal sich ‘rum,
Mich rückwärts zu bedeuten.
Ganz anders ist’s in dieser Welt,
Wo alles vorwärts drücket,
Wenn einer stolpert oder fällt,
Keine Seele rückwärts blicket.

Ein zweites Gedicht, das mit den großen Worten „Das Leben“ beginnt, geht so weiter:

Das Leben ist ein schlechter Spaß,
Dem fehlts an dies, dem fehlts an das,
Der will nicht wenig, der zuviel,
Und Kann und Glück kommt auch ins Spiel.

Und hat sich's Unglück drein gelegt,
Jeder wie er nicht wollte trägt.
Bis endlich Erben mit Behagen
Herrn Kannicht-Willnicht weiter tragen.

Auch Gedichte, die mit „Mein Leben" beginnen, sind oft Klassikerverdächtig. Goethe verblüfft uns auch hier mit launiger Selbsterkenntnis, und er zeigt sich als der Genießer von „Wein, Weib und Gesang", der er zeitlebens war.

Nehmt nur mein Leben hin in Bausch
und Bogen, wie ichs führe;
Andre verschlafen ihren Rausch,
Meiner steht auf dem Papiere.

Auch das folgende Gedicht ist eine nette Hymne an die Lebensfreude, die mit einem guten Schluck Wein verbunden sein kann. Dem Nichtlateiner als Verständnishilfe: Ergo heißt soviel wie „deshalb", und bibamus „mögen wir trinken". Wer es nicht mit „Daher laßt uns trinken ersetzen möchte, kann sich an den lateinischen Stellen auch einfach denken: „Also Prost!"

Ergo bibamus!

Hier sind wir versammelt zu löblichem Tun,
Drum, Brüderchen! *Ergo bibamus.*
Die Gläser sie klingen, Gespräche sie ruhn,
Beherziget *Ergo bibamus.*
Das heißt noch ein altes, ein tüchtiges Wort,
Es passet zum ersten und passet so fort,
Und schallet ein Echo vom festlichen Ort,
Ein herrliches *Ergo bibamus!*

Ich hatte mein freundliches Liebchen gesehn,
Da dacht ich mir: *Ergo bibamus.*

Und nahte mich traulich, da ließ sie mich stehn;
Ich half mir und dachte: *Bibamus.*
Und wenn sie versöhnet euch herzet und küßt,
Und wenn ihr das Herzen und Küssen vermißt,
So bleibet nur, bis ihr was Besseres wißt,
Beim tröstlichen *Ergo bibamus.*

Mich ruft das Geschick von den Freunden hinweg;
Ihr Redlichen! *Ergo bibamus.*
Ich scheide von hinnen mit leichtem Gepäck,
Drum doppeltes *Ergo bibamus.*
Und was auch der Filz von dem Leibe sich schmorgt,
So bleibt für den Heitern doch immer gesorgt,
Weil immer dem Frohen der Fröhliche borgt;
Drum, Brüderchen! *Ergo bibamus.*

Was sollen wir sagen zum heutigen Tag?
Ich dächte nur: *Ergo bibamus.*
Er ist nun einmal von besonderem Schlag,
Drum immer aufs neue: *Bibamus.*
Er führet die Freude durchs offene Tor,
Es glänzen die Wolken, es teilt sich der Flor,
Da leuchtet ein Bildchen, ein göttliches, vor;
Wir klingen und singen: *Bibamus.*

Die Welt

Die Welt ist ein Sardellensalat;
Er schmeckt uns früh, er schmeckt uns spat
Zitronenscheibchen rings umher,
Dann Fischlein, Würstlein, und was noch mehr
In Essig und Öl zusammenrinnt,
Kapern, so künftige Blumen sind -
Man schluckt sie zusammen wie ein Gesind.

Der Mensch

Auch wenn ein Text mit „Der Mensch" beginnt, riecht es meist verdächtig nach Bildung und altem Zopf. Nicht aber, wenn Mephisto, also der Teufel, der Sprecher ist. Dann kann man sicher sein, daß es amüsant wird. Der hier mit „Euer Gnaden" Angesprochene ist kein Geringerer als Gott der Herr selbst.

Er scheint mir, mit Verlaub von Euer Gnaden,
wie eine der langbeinigen Zikaden,
Die immer fliegt und fliegend springt
Und gleich im Gras ihr altes Liedchen singt;
Und läg er nur noch immer in dem Grase!
In jeden Quark begräbt er seine Nase.

DER HERR:
Hast du mir weiter nichts zu sagen?
Kommst du nur immer anzuklagen?
Ist auf der Erde ewig dir nichts recht?

MEPHISTOPHELES:
Nein, Herr! Ich find es dort, wie immer, herzlich schlecht.
Die Menschen dauern mich in ihren Jammertagen;
Ich mag sogar die armen selbst nicht plagen.

Die Fortsetzung ist in Faust I zu erleben. Die beiden schließen die berühmte Wette ab, ob es Mephisto gelingen werde, die Seele Fausts zu bekommen.

Doch bleiben wir noch ein wenig bei großartig klingenden Anfängen. Goethe liefert uns einen zum Thema „Dieser Tag", den wir hier nicht auslassen wollten:

Dieser Tag dauert mich. Er hätte können besser angewendet werden, doch haben wir auch die Trümmer genutzt ...

Auch seine Schreiberei nahm Goethe manchmal aufs Korn. Besonders dann, wenn es ihm leicht, allzuleicht vielleicht, von der Hand ging.

Es schnurrt mein Tagebuch
Am Bratenwender:
Nichts schreibt sich leichter voll
Als ein Kalender.

Bewunderung

Von Goethe erzählt man sich eine Anekdote, die seine unkonventionelle Art, mit anderen umzugehen, fein illustriert:

Eines Tages stand Goethe vor dem Straßburger Münster und bewunderte ohne Unterlass das herrliche gotische Bauwerk. Da fuhr ein Karrenschieber vorüber und pfiff einen schrillen Gassenhauer. Goethe wurde zornig, versetzte dem jungen Mann eine schallende Ohrfeige und fuhr ihn an: „Ja, willst du gleich staunen, du Flegel!" Und wies mit der Hand zum Münster empor.

Goethe über Goethe

Von nur wenigen Menschen, deren Geburtsdatum so weit zurückliegt, können wir heute ein Horoskop aufzeichnen oder im Computer berechnen lassen. Dies verdanken wir Goethe selbst, der nämlich in „Dichtung und Wahrheit", seiner Autobiographie, berichtet, wann und wie er geboren wurde.

Am 28sten August 1749, mittags mit dem Glockenschlage zwölf kam ich in Frankfurt am Main auf die Welt. Die Konstellation war glücklich: die Sonne stand im Zeichen der Jungfrau und kulminierte für den Tag; Jupiter und Venus blickten sie freundlich an, Merkur nicht widerwärtig; Saturn und Mars verhielten sich gleichgültig; nur der Mond, der soeben voll ward, übte die Kraft seines Gegenscheins um so mehr, als zugleich seine Planetenstunde eingetreten war. Er widersetzte sich daher meiner Geburt, die nicht eher erfolgen konnte, als bis diese Stunde vorübergegangen.

Diese guten Aspekten, welche mir die Astrologen in der Folgezeit sehr hoch anzurechnen wußten, mögen wohl Ursache an meiner Erhaltung gewesen sein: denn durch Ungeschicklichkeit der Hebamme kam ich für tot auf die Welt, und nur durch vielfache Bemühungen brachte man es dahin, daß ich das Licht erblickte. Dieser Umstand, welcher die Meinigen in große Not versetzt hatte, gereichte jedoch meinen Mitbürgern zum Vorteil, indem mein Großvater, der Schultheiß Johann Wolfgang Textor, daher Anlaß nahm, daß ein Geburtshelfer angestellt und der Hebammenunterricht eingeführt oder erneuert wurde; welches denn manchem der Nachgebornen mag zugute gekommen sein.

Hobbyastrologen zur Freude sei hier Goethes Horoskop auch als Graphik abgebildet.

Versuchen Sie doch einmal eine Deutung. Sicher finden Sie etliche Charakterzüge Goethes wieder, die seine Werke beherrschen. Die Sonne in der Jungfrau, Aszendent Skorpion, Merkur in der Krone – soviel ist sicher: Seinen Beruf hat Goethe nicht verfehlt, als er Dichter wurde, und die Tiefen des menschlichen Wesens waren ihm nur allzu vertraut.

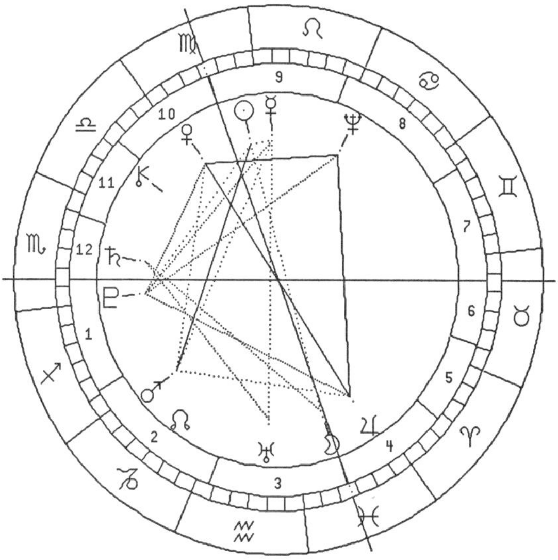

Goethe maß der Wirkung der Sterne durchaus große Bedeutung bei. Doch er sah sie nicht als Begrenzung, sondern eher als Bestätigung, daß man nicht aus seiner Haut herauskönne und zu sich selbst stehen müsse. Das kommt auch in den folgenden Versen des Dämon aus den „Urworten“ zum Ausdruck, die zwar nicht unbedingt zum Schmunzeln, dafür aber wunderschön sind:

Wie an dem Tag, der dich der Welt verliehen,
Die Sonne stand zum Gruße der Planeten,
Bist alsobald und fort und fort gediehen,
Nach dem Gesetz, wonach du angetreten.
So mußt du sein, dir kannst du nicht entfliehen,
So sagten schon Sibyllen, so Propheten;
Und keine Zeit und keine Macht zerstückelt
Geprägte Form, die lebend sich entwickelt.

Der Zwiespalt zwischen dem, was er mitbekommen hatte, und dem, was ihn selbst als unverwechselbares Wesen ausmacht, zeigt sich auch in den folgenden, recht bekannten Versen:

Ich bin nun, wie ich bin

Vom Vater hab ich die Statur,
Des Lebens ernstes Führen,
Vom Mütterchen die Frohnatur
Und Lust zu fabulieren.
Urahnherr war der Schönsten hold,
Das spukt so hin und wieder;
Urahnfrau liebte Schmuck und Gold,
Das zuckt wohl durch die Glieder.
Sind nun die Elemente nicht
Aus dem Komplex zu trennen,
Was ist denn an dem ganzen Wicht
Original zu nennen?

Nun, Goethe bemühte sich darum, ein Original zu werden und sich selbst treu zu sein. Auch wenn ihm das die Freundschaft mit Klopstock kostete, den er bereits als Kind bewundert hatte.

Als Goethe seine Lebensstellung als Minister in Weimar antrat, hatte er als „Chef" einen jungen Landesfürsten, der sich vergnügen wollte. Und da tat der Herr Geheime Rat fleißig mit. Was spätere Germanisten verharmlosend als „Zechtouren des Stürmers und Drängers" bezeichnen, klingt bei Klopstock ganz unverblümt so: „In Weimar geht es erschrecklich zu. Der Herzog läuft mit Goethen wie ein wilder Pursche auf den Dörfern herum; er besäuft sich und genießet brüderlich einerlei Mädchen mit ihm".

Klopstock hat Goethe in einem Brief deswegen Vorhaltungen gemacht. Doch Goethe verbat sich in seinem und des Herzogs Namen solche Ermahnungen und Einmischungen, die ihnen das süße Leben verbitterten, und Klopstock schrieb ihm daraufhin zurück, daß er seiner Freundschaft unwürdig sei.

Auf diese Zeit der gemeinsamen Streiche und Sauftouren mit seinem Herzog geht auch die folgende Anekdote zurück:

In jungen Jahren kamen Goethe und Karl August einmal spät abends in eine Bauernschänke. Die beiden bestellten ein Glas Milch, und während die Bäuerin in den Keller ging, um die Milch zu holen, steckten die zwei Übermütigen den dicken Kater des Hauses ins Butterfass und verschwanden. Es dauerte einige Wochen, bis sie wieder den Mut hatten, sich in der Schänke sehen zu lassen, aber dann drückte ihr Karl August einen Dukaten in die Hand und sagte:

„Sie wissen doch! Für unseren Streich damals mit dem Kater. Ich möchte nicht, dass Sie unseretwegen einen Schaden haben."

„Oh, gnädiger Herr, den hätte ich auch so nicht", erwiderte die Bäuerin schalkhaft lächelnd. „Wissen Sie, die Butter hab' ich an den Hof nach Weimar getragen, da fressen sie alles!"

Die Verehrung des Knaben Goethe für den Dichter Klopstock wäre übrigens für Goethes Vater fast lebensgefährlich geworden. In „Dichtung und Wahrheit" beschreibt Goethe die Geschichte so: Der Vater verbot den Kindern die Lektüre der Schriften Klopstocks. Sie fanden jedoch die Sprache so faszinierend, daß sie glücklich waren, als sie Zugang zu einem Band bekamen, den die Mutter heimlich für sie aufbewahrte, ...

... und wir Geschwister bemächtigten uns desselben, wann wir konnten, um in Freistunden, in irgendeinem Winkel verborgen, die auffallendsten Stellen auswendig zu lernen und besonders die zartesten und heftigsten so geschwind als möglich ins Gedächtnis zu fassen.

Portias Traum rezitierten wir um die Wette, und in das wilde verzweifelnde Gespräch zwischen Satan und Adramelech, welche ins Rote Meer gestürzt worden, hatten wir uns geteilt. Die erste Rolle, als die gewaltsamste, war auf mein Teil gekommen, die andere, um ein wenig kläglicher, übernahm meine Schwester. Die wechselseitigen, zwar gräßlichen, aber doch wohlklingenden Verwünschungen flossen nur so vom Munde, und wir ergriffen jede Gelegenheit, uns mit diesen höllischen Redensarten zu begrüßen.

Es war ein Samstagsabend im Winter; der Vater ließ sich immer bei Licht rasieren, um sonntags früh sich zur Kirche bequemlich anziehen zu können – wir saßen auf einem Schemel hinter dem Ofen und murmelten, während der Barbier einseifte, unsere herkömmlichen Flüche ziemlich leise. Nun hatte aber Adramelech den Satan mit eisernen Händen zu fassen, meine Schwester packte mich gewaltig an und rezitierte, zwar leise genug, aber doch mit steigender Leidenschaft:

Hilf mir! ich flehe dich an, ich bete, wenn du es forderst,
Ungeheuer, dich an! Verworfner, schwarzer Verbrecher,
Hilf mir! ich leide die Pein des rächenden ewigen Todes!
Vormals konnt ich mit heißem, mit grimmigem Hasse
dich hassen!
Jetzt vermag ichs nicht mehr! Auch dies ist stechender Jammer!

Bisher war alles leidlich gegangen; aber laut, mit fürchterlicher Stimme, rief sie die folgenden Worte:

O wie bin ich zermalmt!

Der gute Chirurgus erschrak und goß dem Vater das Seifenbecken in die Brust. Da gab es einen großen Aufstand, und eine strenge Untersuchung ward gehalten, besonders in Betracht des Unglücks, das hätte entstehen können, wenn man schon im Rasieren begriffen gewesen wäre. Um allen Verdacht des Mutwillens von uns abzulehnen, bekannten wir uns zu unsern teuflischen Rollen, und das Unglück, das die Hexameter angerichtet hatten, war zu offenbar, als daß man sie nicht aufs neue hätte verrufen und verbannen sollen.

Goethe und die Vernunft

Aller Zwang ist ihm verhaßt

Zeitgenossen hatten mit Goethe ihre liebe Not. Nicht nur die Eskapaden in Begleitung seines jungen Herzogs machten ihnen zu schaffen, auch sein Umgang mit Regeln bei Hof machte Goethe zu einem Menschen, der alles andere als pflegeleicht war. Ein Zeitgenosse beklagte sich einmal in einem Brief an Frau von Stein, Goethes langjährige Vertraute in Weimar, über Goethe und schloß mit dem Satz: „Kurz, er ist ein großes Genie, aber ein furchtbarer Mensch."

Ein anderer hielt Goethe für „bizarr". – „Er tut, was ihm einfällt, ohne sich darum zu bekümmern, ob es anderen gefällt, ob es Mode ist, ob es die Lebensart erlaubt."

Goethe fand den Seiltanz zwischen Zwängen und dem Streben nach Authentizität manchmal mühsam.

Gern wär ich Überliefrung los
Und ganz original;
Doch ist das Unternehmen groß
Und führt in manche Qual.
Als Autochthone rechnet ich
Es mir zur höchsten Ehre,
Wenn ich nicht gar zu wunderlich
Selbst Überliefrung wäre.

Nur innerhalb der Gesellschaft, die man verändern will, kann man zur „Überliefrung" werden – daher Goethes Angst, zu wunderlich zu werden. Autochthon bedeutet so viel wie bodenständig, ursprünglich.

Je höher eine Organisation steht, desto bedingter ist sie; desto weniger Freiheit hat sie.

So schrieb Goethe. Und weiter:

Die Vernünftigkeit beschränkt uns am meisten, und die Vernunft ist die ärgste Tyrannin.

Der Vernunft steht vieles nicht mehr frei zu tun, was der Unvernünftige sich herausnimmt, und ihm nicht für Sünde gerechnet wird, eben weil er es nicht als gesetzwidrig empfindet.

Der Unvernünftige, das ist wieder der Narr, der schlafwandlerisch und naiv durchs Leben geht, ohne Gut und Böse zu kennen und zu verletzen. Wo aber der Anspruch, vernünftig zu sein, auftritt, ist es vorbei mit der Narrenfreiheit. Sie steht nur noch Fürsten zu:

Das Absolute steht noch über dem Vernünftigen. Darum handeln Souveräne oft unvernünftig, um sich in der absoluten Freiheit zu erhalten.

Von einem seiner Vorfahren erzählte Goethes Herzog einmal, er habe auf Vorhaltungen seiner Umgebung, doch endlich Vernunft anzunehmen, etwas noch einmal zu bedenken und zu überlegen, geantwortet: „Ich will nichts bedenken, ich will nichts überlegen, wozu wäre ich denn sonst Herzog von Sachsen?“

Goethe hatte nicht die Möglichkeit, sich völlig über die Grenzen der Vernunft hinwegzusetzen, und so rettet er sich manchmal in die Rolle des Philosophen, der wie kein anderer an der Grenze zum Narren stand, indem er Alexander dem Großen erklärte, er möge ihm aus der Sonne gehen.

Genialisch Treiben

So wälz ich ohne Unterlaß,
Wie Sankt Diogenes, mein Faß.
Bald ist es Ernst, bald ist es Spaß;
Bald ist es Lieb, bald ist es Haß;
Bald ist es dies, bald ist es das;
Es ist ein Nichts und ist ein Was.
So wälz ich ohne Unterlaß,
Wie Sankt Diogenes, mein Faß.

Goethe und der Ruhm

Schon früh war Goethe berühmt, und schon früh mußte er lernen, damit umzugehen.

Götz in aller Munde

Götz von Berlichingen mit der eisernen Hand war ein Ritter und Bauernführer im 16. Jahrhundert, dessen Lebensgeschichte Goethe als Drama auf die Bühne brachte. Seinetwegen sind in Göttingen Autokennzeichen, die mit GÖ - TZ beginnen, besonders begehrt. Im dritten Akt des Dramas wird er von einem Trompeter aufgefordert, sich zu ergeben. Götz' Antwort:

Mich ergeben! Auf Gnad und Ungnad! Mit wem redet ihr! Bin ich ein Räuber! Sag deinem Hauptmann: Vor Ihro Kaiserliche Majestät hab ich, wie immer, schuldigen Respekt. Er aber, sags ihm, er kann mich – – –!

Kein Wunder, daß ein Theaterstück, in dem solche Kraftausdrücke fielen, seither dem jugendlichen Publikum gefällt. Und schon zu Goethes Zeit war das Götz-Zitat in aller Munde, wie folgende Anekdote berichtet:

Einmal gingen Goethe und Herzog Karl August in Sachsenhausen spazieren. Da kamen sie an zwei Einwohnern des Dorfes vorbei, die in einen heftigen Streit miteinander verwickelt waren. Die Auseinandersetzung schloss mit der sattsam bekannten Aufforderung: „Er kann mich mal …" – Der Herzog neigte sich zu Goethe und flüsterte ihm ins Ohr: „Es muss doch sehr erfreulich für Sie als Autor sein, wenn er so deutlich sieht, wie seine Werke ins Volk gedrungen sind! Wenn ich mich nicht irre, so ist da eben doch eine Stelle aus ihrem ‚Götz von Berlichingen' zitiert worden."

Der Autor des Werther

Noch bekannter aber war Goethe als der Autor des Werther. Die Geschichte des jungen Mannes, der sich in eine verlobte, also für ihn unerreichbare Frau verliebt und letztlich aus Liebeskummer Selbstmord begeht, machte in ganz Europa Furore und führte zu einer Selbstmordwelle. Man trug die gleiche Kleidung wie Werther im Roman, man litt, und man brachte sich um.

Der Volksmund hatte dazu seine eigene Ansicht:

In einem der alten Häuser am Holzgraben in Frankfurt, nahe bei der Liebfrauenkirche, war 1774 ein Brand ausgebrochen. Eine große Menschenmenge hatte sich versammelt und verfolgte gebannt das grausige Schauspiel. Einige der Zuschauer hatten Ketten gebildet und reichten wassergefüllte Eimer von Hand zu Hand.

Als Goethe, der gerade durch seinen „Werther" berühmt geworden war, zufällig vorbeikam, reihte auch er sich in eine der Ketten ein. Er fiel bald durch seinen Eifer und die Geschicklichkeit auf, mit der er die wassergefüllten Kübel weiterreichte. Als einer der Beobachter wissen wollte, wer der hilfsbereite junge Mann sei, erhielt er von seinem Nachbarn die Antwort:

„Das ist der junge Goethe, der Sohn des Kaiserlichen Rathes vom Hirschgraben. Er hat mit seinem Roman über den selbstmörderischen jungen Werther schon manches verhängnisvolle Feuer entfacht. Nun hilft er auch einmal mit, einen Brand zu löschen!"

Goethe wurde von seinem Werther verfolgt. Um nicht auch in Italien als der Autor des Werther angesprochen zu werden, reiste er inkognito. Unter den deutschen Künstlern in Rom sprach es sich zwar gerüchteweise herum, wer hinter diesem Inkognito steckte, doch kam ihm hier ein Aufschneider zu Hilfe. Tischbein ist der Kasseler Maler, der in Rom lebte, Goethe in der Campagna gemalt und ihn auch auf seiner Reise nach Neapel begleitet hat. Da sie die Wohnung teilten, wurde er für den Dichter zum Vertrauten und Romführer zugleich.

Ich bemerkte wohl, daß mehrere deutsche Künstler, zu Tischbein als Bekannte tretend, mich beobachteten und sodann hin und wider gingen. Er, der mich einige Augenblicke verlassen hatte, trat wieder zu mir und sagte: „Da gibt's einen großen Spaß! Das Gerücht, Sie seien hier, hatte sich schon verbreitet, und die Künstler wurden auf den einzigen unbekannten Fremden aufmerksam. Nun ist einer unter uns, der schon längst behauptet, er sei mit Ihnen umgegangen, ja er wollte mit Ihnen in freundschaftlichem Verhältnis gelebt haben, woran wir nicht so recht glauben wollten. Dieser ward aufgefordert, Sie zu betrachten und den Zweifel zu lösen, er versicherte aber kurz und gut, Sie seien es nicht und an dem Fremden keine Spur Ihrer Gestalt und Aussehns. So ist doch wenigstens das Inkognito für den Moment gedeckt, und in der Folge gibt es etwas zu lachen."

Auch in Neapel gab es jemanden, der den Verfasser des Werther unbedingt kennenlernen wollte.

Eine Dame, die mich schon bei meinem ersten Aufenthalt vielfach begünstigt, ersuchte mich, abends Punkt fünf Uhr bei ihr einzutreffen: es wolle mich ein Engländer sprechen, der mir über meinen „Werther" etwas zu sagen habe.

Leider aber ist die Stadt zu groß und der Gegenstände so viel, daß ich eine Viertelstunde zu spät die Treppe hinaufstieg und eben an der verschlossenen Türe auf der Schilfmatte stand, um zu klingeln, als die Türe schon aufging und ein schöner Mann in mittlern Jahren heraustrat, den ich sogleich für den Engländer erkannte. Er hatte mich kaum angesehen, als er sagte: „Sie sind der Verfasser des ‚Werther'!" Ich bekannte mich dazu und entschuldigte mich, nicht früher gekommen zu sein.

„Ich konnte nicht einen Augenblick länger warten", versetzte derselbe, „was ich Ihnen zu sagen habe, ist ganz kurz und kann ebensogut hier auf der Schilfmatte geschehen. Ich will nicht wiederholen, was Sie von Tausenden gehört, auch hat das Werk nicht so heftig auf mich gewirkt als auf andere; sooft ich aber daran denke, was dazu gehörte, um es zu schreiben, so muß ich mich immer aufs neue verwundern."

Ich wollte irgend etwas dankbar dagegen erwidern, als er mir ins Wort fiel und ausrie£ „Ich darf keinen Augenblick länger säumen, mein Verlangen ist erfüllt, Ihnen dies selbst gesagt zu haben, leben Sie recht wohl und glücklich!" und so fuhr er die Treppe hinunter. Ich stand einige Zeit über diesen ehrenvollen Text nachdenkend und klingelte endlich.

Daß Goethe sich auf diese Verabredung überhaupt einließ, erklärte er selbst als Anzeichen seiner Genesung. Allzusehr hatte ihn der Werther verfolgt. Erst jetzt, nachdem er auf der Sizilienreise einigen Abstand dazu gewonnen hatte, war Goethe wieder in der Lage, Fans und Bewunderer zu ertragen.

Er selbst widmete dem Werther zwei völlig gegensätzliche Gedichte. Das eine wirkt sehr nachdenklich und finster, und von ihm ist hier auch nur die erste Strophe zitiert. Das zweite wirkt wie ein Akt des Freischreibens, auch wenn es nicht ganz stubenrein ausgefallen ist.

An Werther

Noch einmal wagst du, vielbeweinter Schatten,
Hervor dich an das Tageslicht,
Begegnest mir auf neu beblümten Matten,
Und meinen Anblick scheust du nicht.
Es ist, als ob du lebtest in der Frühe,
Wo uns der Tau auf Einem Feld erquickt
Und nach des Tages unwillkommner Mühe
Der Scheidesonne letzter Strahl entzückt;
Zum Bleiben ich, zum Scheiden du erkoren,
Gingst du voran und hast nicht viel verloren.

Freuden des jungen Werthers

Ein junger Mensch, ich weiß nicht, wie,
Starb einst an der Hypochondrie
Und ward denn auch begraben.
Da kam ein schöner Geist herbei,
Der hatte seinen Stuhlgang frei,
Wie's denn so Leute haben.
Der setzt' notdürftig sich aufs Grab
Und legte da sein Häuflein ab,
Beschaute freundlich seinen Dreck,
Ging wohl eratmet wieder weg
Und sprach zu sich bedächtiglich:
„Der gute Mensch, wie hat er sich verdorben!
Hätt er geschissen so wie ich,
Er wäre nicht gestorben!'

Autogrammjäger

Autogramme und Autographen berühmter Menschen sind und waren ein beliebtes Sammlerobjekt.

Ein begeisterter Sammler von Autographen war Charles Gore, und eines Tages hatte er die Idee, die Handschriften der drei bedeutendsten Männer, die er kannte, auf einem einzigen Blatt zu vereinigen. Zuerst ging er also zu Johann Gottfried Herder, trug ihm sein Anliegen vor und bat ihn, einen Vers auf das ihm gereichte Blatt zu schreiben. Herder begann:

„Die Erde ist ein Jammertal."

Mit diesem Autographen ging Gore dann zu Schiller. Schiller las Herders Vers und setzte ihn fort:

„Voller Narren und Toren."

Nun kam die Reihe an Goethe. Der las das Blatt mit den zwei Versen und erfüllte dann, wie die beiden anderen, die Bitte des Sammlers. Goethe vollendete also das Gedicht:

„Wo Sie der allergrößte sind,
Mein lieber Herr von Goren!"

Den Autogrammbitten anderer kam Goethe mitunter in geradezu großzügiger Weise nach. Im folgenden Fall fiel das Autogramm etwas ausführlicher aus. Goethe beantwortet die Bitte der Schauspielerin Fanny Caspers (1778–1835) um ein Autogramm mit einem Gedicht, in dem er gleich ihre netteste Begegnung schildert:

In einer Stadt einmal
Auf dem Stadthaus
Ein großer Saal,
Darin ein lustig Mahl.
Unter den Gästen
Eine artige Maus,
Wie's bei solchen Festen

Geht, im Champagnersaus'
Sie hatte nicht so viel getrunken
Als Schiller, ich und alle,
Sie war mir aber um den Hals gesunken.
In keiner Falle
Fing man so lieblich Mäuschen;
Niedlich war sie, niedlicher im Räuschchen.
Ich hielt sie feste, feste,
Wir küßten uns aufs beste,
Doch wickelt sie sich heraus –
Fort war die Maus!
Die treibt sich in Osten und Süden;
Gott schenk ihr Lieb und Frieden.

Besucher

Madame de Stael

Frau von Stael wurde 1802 von Napoleon aus Paris verbannt. Sie machte sich auf eine Reise durch Deutschland und wollte in Weimar Schiller, Wieland und natürlich vor allem Goethe besuchen. Er hatte bereits 1796 einen Aufsatz von ihr ins Deutsche übersetzt, ohne daß sie einander je persönlich kennengelernt hatten. Auch Goethe war sehr gespannt darauf, diese faszinierende Frau kennenzulernen.

Nach ihrer Begegnung wurde Goethe von einem Freund gefragt, wie denn der Besuch und die Unterhaltung verlaufen seien. Goethe war ein wenig zwiespältig in seiner Einschätzung:

„Es war eine interessante Stunde", meinte er, „aber ich bin nicht zu Worte gekommen. Sie spricht gut, aber viel, sehr viel."

Fast zur gleichen Zeit wurde Frau von Stael in einem Kreis befreundeter Damen gefragt, welchen Eindruck denn Goethe auf sie gemacht habe, und ihre Einschätzung klang so:

„Ich bin zwar nicht zu Worte gekommen. Aber wer so gut spricht wie er, dem hört man gerne zu."

Die Besucher nahmen überhand. Damals war es üblich, berühmten Persönlichkeiten seine Aufmerksamkeit zu machen, auch ohne eingeladen worden zu sein. Nicht immer waren die Verehrer willkommen, und Goethe hatte sich mit der Zeit eine rechte Ruppigkeit angewöhnt, um sie wieder loszuwerden. Vor allem aber hatte er sich abgewöhnt, mit unangemeldeten Besuchern lange zu reden.

Wie ein pfiffiger Student mit dieser Situation fertig wurde, schildert die folgende Anekdote:

Ein auf der Durchreise befindlicher Student meldete sich in Goethes Haus am Frauenplan und äußerte den Wunsch, Goethe zu sehen. Der Diener führte ihn, wie er es gewöhnlich mit Fremden tat, ins Vorzimmer.

Nachdem der Student eine beträchtliche Weile gewartet hatte, öffnete sich die Tür, und Goethe betrat den Raum. Der Student war begeistert und sprang auf. Goethe würdigte ihn jedoch keines Blikkes, ging stumm durch das Zimmer, nahm einen Stuhl, stellte ihn in die Mitte und setzte sich, ohne den Studenten auch nur zu begrüßen. Der Student war sprachlos ob dieses unerwarteten Verhaltens, ließ sich jedoch nicht in Verwirrung stürzen. Er nahm eine Kerze, zündete sie an, schritt würdevoll um den thronenden Goethe herum, ihn von allen Seiten beleuchtend. Dann legte er einen Groschen auf den Tisch und ging.

Ein anderer Fall endete in einer guten Bekanntschaft, obgleich Goethe zunächst ganz ähnlich reagiert hatte. In diesem Fall ist der Besucher bekannt: Es handelte sich um den romantischen Dichter Ludwig Tieck.

Als Tieck sich erlaubte, Goethe aufzusuchen, erteilte dieser seinem Diener zunächst den Auftrag, den fremden Herrn abzuweisen.

Goethe besann sich jedoch und trat selbst in das Vorzimmer. „Sie wünschen mich zu sehen?“ fragte er den sich ehrerbietig vor ihm Verneigenden. „Gewiß, Herr Geheimer Rat“, antwortete Tieck.

„Nun, so sehen Sie mich“, sagte Goethe, indem er sich langsam um seine Achse drehte. „Haben Sie mich gesehen?“ „Unzweifelhaft“, antwortete Tieck, der sich von seiner Verblüffung bereits erholt hatte.

„Nun, so können Sie wieder gehen“, sagte Goethe unfreundlich, indem er sich umwandte. „Noch einen Augenblick“, rief Tieck ihm nach. „Was wünschen Sie noch?“ fragte Goethe unwillig.

„Nur eine Kleinigkeit“, antwortete Tieck, indem er mit der Hand in die Tasche fuhr. „Was kostet die Besichtigung?“

Eine solche Keckheit war Goethe noch nicht entgegengetreten. Wortlos betrachtete er den kühnen Besucher, und da gewahrte er soviel Ungewöhnliches, daß sein Zorn sofort verrauschte. „Sie gefallen mir“, sagte er, „treten Sie bei mir ein.“

Geburtstag

Anläßlich von Goethes Geburtstag brachen alljährlich die Dichter Weimars in Lobeshymnen aus, die sie ihm in Gedichtform darbrachten. Goethe sah das nicht ohne Spott, wenn er falsche Schmeicheleien darin entdeckte. Als er einmal in einem Gedicht recht offen mit dem lieben Gott auf eine Stufe gestellt wurde, da beide über die gleiche Schöpfungskraft verfügten, war ihm das eindeutig zu viel, und er meinte dazu:

„Die anderen werfen mir doch nur Bonbons an den Kopf, aber der hier nimmt gleich die ganze Zuckertüte!“

Der vergessene Geburtstag

Am 27. August erteilte Goethe seinem Diener früh den Befehl, zwei Flaschen Rotwein nebst zwei Gläsern heraufzubringen und in den einander gegenüberliegenden Fenstern aufzustellen. Nachdem dies geschehen, beginnt Goethe seinen Rundgang im Zimmer, wobei er in abgemessenen Zwischenräumen an einem Fenster stehen bleibt, dann am andern, um jedesmal ein Glas zu leeren.

Nach einer geraumen Weile tritt Rehbein, der ihn nach Karlsbad begleitet hatte, ein. Goethe begrüßte ihn mit den Worten:

„Ihr seid mir ein schöner Freund! Was für einen Tag haben wir heute und welches Datum?"

Rehbein: „Den 27. August, Exzellenz."

Goethe: „Nein, es ist der 28. und mein Geburtstag." Rehbein: „Wir haben den 27."

Goethe: „Es ist nicht wahr! Wir haben den 28."

Rehbein beharrt auf seinem Wissen: „Den 27."

Goethe klingelt, sein Diener Karl tritt ein: „Was für ein Datum haben wir heute?"

Karl: „Den 27., Exzellenz."

Goethe: „Daß dich – Kalender her!" Karl bringt ihn. Goethe nach langer Pause: „Donnerwetter! Da habe ich mich umsonst besoffen."

Den Schmeicheleien anläßlich seines Geburtstages stand Goethe im übrigen gelassen gegenüber. Er wußte: Die Zeit würde es erweisen, was von seinem Werk Bestand hätte.

In einem Gedicht, das eigentlich eine Hommage an Shakespeare darstellt, kommt diese Überzeugung zum Ausdruck.

Kronos ist ein uralter griechischer Gott, er verkörpert die Zeit, Saturn ist seine römische Fassung. In der griechischen Mythologie fraß er tatsächlich seine eigenen Kinder, damit sie ihn nicht eines Tages entmachten konnten, wie er seinen Vater entmachtet hatte.

Kronos als Kunstrichter

Saturnus eigne Kinder frißt,
Hat irgend kein Gewissen;
Ohne Senf und Salz, und wie ihr wißt,
Verschlingt er euch den Bissen.

Shakespearen sollt es auch ergehn
Nach hergebrachter Weise:
Den hebt mir auf, sagt Polyphem,
Daß ich zuletzt ihn speise.

Von Shakespeare hatte Goethe eine denkbar hohe Meinung, und er sagte über ihn einmal:

Er ist gar zu reich und zu gewaltig. Eine produktive Natur darf alle Jahr nur ein Stück von ihm lesen, wenn sie nicht an ihm zugrunde gehen will. Ich tat wohl, daß ich durch meinen Götz von Berlichingen und Egmont ihn mir vom Halse schaffte …

Dichterabfall

Beim Stöbern in Goethes Werken findet man immer wieder Gedichte, die sich wunderbar zitieren lassen. „Den Adel muß man zwacken" oder „Wir schmausen wie Dynasten, und morgen heißt es fasten" sind vergnügliche Verse nicht ohne revolutionäre Züge. Und doch verarbeitet Goethe hier eine ältere Vorlage:

Soldatenlied aus Wallensteins Lager

Es leben die Soldaten,
Der Bauer gibt den Braten,
Der Winzer gibt den Most,
Das ist Soldatenkost. Trallerallallallalla.

Der Bürger muß uns backen,
Den Adel muß man zwacken,
Sein Knecht ist unser Knecht,
Das ist Soldatenrecht.

In Wäldern gehn wir pirschen
Nach allen alten Hirschen,
Und bringen frank und frei
Den Männern das Geweih.

Heut schwören wir der Hanne,
Und morgen der Susanne,
Die Lieb ist immer neu,
Das ist Soldatentreu.

Wir schmausen wie Dynasten,
Und morgen heißt es fasten,
Früh reich und Abends bloß,
Das ist Soldatenlos.

Wer hat, der muß nur geben,
Wer nichts bat, der soll leben,
Der Ehmann hat das Weib,
Und wir den Zeitvertreib.

Es heißt bei unsern Festen,
Gestohlen schmeckt's am besten!
Unrechtes Gut macht fett,
Das ist Soldatengebet.

Schneider-Courage

„Es ist ein Schuß gefallen!
Mein! sagt, wer schoß da drauß?"
Es ist der junge Jäger,
Der schießt im Hinterhaus.

Die Spatzen in dem Garten,
Die machen viel Verdruß.
Zwei Spatzen und ein Schneider,
Die fielen von dem Schuß;

Die Spatzen von den Schroten,
Der Schneider von dem Schreck,
Die Spatzen in die Schoten,
Der Schneider in den –.

Kritik verträgt keiner gut, schon gar nicht dann, wenn sie von jemandem kommt, dessen Beruf und Lebensziel es ist, andere zu kritisieren. In folgendem Gedicht macht Goethe sich darüber Luft:

Da hatt ich einen Kerl zu Gast,
Er war mir eben nicht zur Last;
Ich hatt just mein gewöhnlich Essen,
Hat sich der Kerl pumpsatt gefressen,
Zum Nachtisch, was ich gespeichert hatt.
Und kaum ist mir der Kerl so satt,
Tut ihn der Teufel zum Nachbar führen,
Über mein Essen zu räsonieren:
„Die Supp hätt können gewürzter sein,
Der Braten brauner, firner der Wein."
Der Tausendsackerment!
Schlagt ihn tot, den Hund! Es ist ein Rezensent.

Dreißig Jahre

Dieses Alter hatte für Goethe tatsächlich etwas ganz beunruhigendes und ist vielleicht mit unserer Midlife-Crisis rund um das vierzigste Lebensjahr vergleichbar. Nicht nur läßt er seinen Mephisto sagen:

Zählt einer mehr als dreißig Jahr,
so ist er schon so gut als tot.

sondern er fordert wirklich ein, daß man mit dreißig erwachsen zu sein habe. Den Schwärmern wünscht er:

Jeglichen Schwärmer schlagt mir ans Kreuz im dreißigsten Jahr.
Kennt er nur einmal die Welt, wird der Betrogne der Schelm.

Nicht auf den Mund gefallen

Wie schlagfertig Goethe sein konnte, beweisen manche spontan gedichteten Arbeiten. Eine Anekdote berichtet, wie das folgende Gedicht entstand:

Goethe saß in Jena gelegentlich im Gasthof „Zur Tanne“, vor sich eine Flasche Wein, den er gewöhnlich mit Wasser mischte.

Eines Abends kamen in denselben Gasthof einige Studenten, die Goethe nicht erkannten. Sie nahmen in seiner Nähe Platz. Bald fiel ihnen auf, dass Goethe seinen Wein mit Wasser mischte. Sie fanden das mehr als eigenartig und begannen, sich über den merkwürdigen Herrn lustig zu machen.

Goethe nahm das eine Weile hin, stand dann aber plötzlich auf, wandte sich den Studenten zu und klärte sie auf:

„Das Wasser allein macht stumm,
das beweisen im Wasser die Fische.
Der Wein allein macht dumm,
das beweisen die Herren am Tische.
Daher, um keines von beiden zu sein,
Gieß in den Wein ich Wasser hinein!’

Tierisches

Beruf des Storchs

Der Storch, der sich von Frosch und Wurm
An unserm Teiche nähret,
Was nistet er auf dem Kirchenturm,
Wo er nicht hingehöret?
Dort klappt und klappert er genung,
Verdrießlich anzuhören;
Doch wagt es weder Alt noch Jung,
Ihm das Nest zu stören.
Wodurch – gesagt mit Reverenz –
Kann er sein Recht beweisen?
Als durch die löbliche Tendenz,
Aufs Kirchendach zu … ?

Frösche

Ein großer Teich war zugefroren,
Die Fröschlein, in der Tiefe verloren,
Durften nicht ferner quaken noch springen,
Versprachen sich aber, im halben Traum,
Fänden sie nur da oben Raum,
Wie Nachtigallen wollten sie singen.
Der Tauwind kam, das Eis zerschmolz,
Nun ruderten sie und landeten stolz,
Und saßen am Ufer weit und breit
Und quakten wie vor alter Zeit.

Noch ein Hinweis, damit die folgenden Verse besser fließen. Lesen Sie sie nach dem Rhythmus des Satzes: „Im Hexameter steigt des Springquells flüssige Säule. Im Pentameter drauf fällt sie langsam herab", mit einer kurzen Pause vor „fällt". Das hilft Ihnen bei allen Versen, die hier über die ganze Seitenbreite gehen, sie flüssig zu lesen – und manchmal steckt in der Betonung noch ein besonderer Witz.

Hundegebell

Manche Töne sind mir Verdruß, doch bleibet am meisten
Hundegebell mir verhaßt; kläffend zerreißt es mein Ohr.
Einen Hund nur hör ich sehr oft mit frohem Behagen
Bellend kläffen, den Hund, den sich der Nachbar erzog.
Denn er bellte mir einst mein Mädchen an, da sie sich heimlich
Zu mir stahl, und verriet unser Geheimnis beinah.
Jetzo, hör ich ihn bellen, so denk ich mir immer: sie kommt –
Oder ich denke der Zeit, da die Erwartete kam.

Annonce

Ein Hündchen wird gesucht,
Das weder murrt noch beißt,
Zerbrochne Gläser frißt
Und Diamanten … .

2

Der verliebte Goethe

Lebende Venus

Goethe war ein großer Frauenfreund und für die Reize des Schönen Geschlechts überaus empfänglich. Eine Anekdote berichtet, wie galant er sein konnte, wenn er wollte:

Einmal hatte Goethe ein paar junge Mädchen in seinem Gartenhaus zu Gast. In ihrem Überschwang stieß eine der jungen Damen dabei den Gipsabguss einer Venus um. Das Mädchen war darüber so unglücklich, dass sie in Tränen ausbrach. Goethe aber lächelte väterlich-begütigend, drohte spielerisch mit dem Finger und meinte:

„Aber, aber! Wer wird denn um die Tote weinen, wo Venus soviel lebende Vertreterinnen hat?"

Die Liebe zu den Mädchen blieb Goethe sein Leben lang erhalten. Wir werden davon hier einiges lesen. Grundsätzlich sagte er einmal zu diesem Thema:

Knaben liebt ich wohl auch, doch lieber sind mir die Mädchen;
Hab ich als Mädchen sie satt, dient sie als Knabe mir noch.

Dieses Epigramm klingt für unsere Ohren zweideutig. Doch Knabenliebe im körperlichen Sinn lag Goethe fern. Weiter unten in diesem Kapitel gibt es einen unzweideutigen, sehr handfesten Beweis dafür.

Doch schauen wir uns an, was Goethe zur Liebe so einfiel. Und dabei beginnen wir ganz harmlos und unschuldig – bei den Bienen und Blumen.

Bienchen und Blümchen

Ein Blumenglöckchen
Vom Boden hervor
War früh gesprosset
In lieblichem Flor;
Da kam ein Bienchen
Und naschte fein:
Die müssen wohl beide
Füreinander sein.

Das findet sich in aller Harmlosigkeit in so manchem Poesiealbum wieder. Und auch beim folgenden Gedicht geht es zwar eindeutig um Liebe, aber ganz harmlos zu:

Sie liebt mich

Sie liebt mich!
Sie liebt mich!
Welch schreckliches Beben!
Fühl ich mich selber?
Bin ich am Leben?
Sie liebt mich!
Sie liebt mich!

Ach! rings so anders!
Bist du's noch, Sonne?
Bist du's noch, Hütte?
Trage die Wonne,
Seliges Herz!
Sie liebt mich!
Sie liebt mich!

Im folgenden Gedicht bewegt sich Goethe an der Grenze zum Kitsch der Wende zum 20. Jahrhunderts. „Es brennt / mein Eingeweide“ hätte Gartenlaube-Dichterinnen zweifellos auch gut zu Gesicht gestanden.

Nur wer die Sehnsucht kennt,
Weiß, was ich leide!
Allein und abgetrennt
Von aller Freude,
Seh ich ans Firmament
Nach jener Seite.
Ach! der mich liebt und kennt,
Ist in der Weite.
Es schwindelt mir, es brennt
Mein Eingeweide.
Nur wer die Sehnsucht kennt,
Weiß, was ich leide!

Und nun die Klassikerin: Gretchen. Diesmal ist es Fausts Gretchen, nicht etwa Goethes erste Angebetete, von der wir weiter unten hören werden.

Meine Ruh' ist hin,
Mein Herz ist schwer;
Ich finde sie nimmer
Und nimmermehr.

Wo ich ihn nicht hab',
Ist mir das Grab,
Die ganze Welt
Ist mir vergällt.

Mein armer Kopf
Ist mir verrückt,
Mein armer Sinn
Ist mir zerstückt.

Meine Ruh' ist hin,
Mein Herz ist schwer;
Ich finde sie nimmer
Und nimmermehr.

Nach ihm nur schau' ich
Zum Fenster hinaus,
Nach ihm nur geh' ich
Aus dem Haus.

Sein hoher Gang,
Sein' edle Gestalt,
Seines Mundes Lächeln,
Seiner Augen Gewalt,

Und seiner Rede
Zauberfluß,
Sein Händedruck,
Und ach sein Kuß!

Meine Ruh' ist hin,
Mein Herz ist schwer;
Ich finde sie nimmer
Und nimmermehr.

Mein Busen drängt
Sich nach ihm hin.
Ach dürft' ich fassen
Und halten ihn,

Und küssen ihn,
So wie ich wollt',
An seinen Küssen
Vergehen sollt'!

Liebe mit Hindernissen

Verfolgt man Goethes erste Liebesgeschichten, wie er sie in „Dichtung und Wahrheit“ und anderswo schildert, so tritt ein gemeinsamer Zug in den Vordergrund:

Alle Mädchen waren unerreichbar. Bereits bei seiner allerersten großen Liebe war das der Fall. Es handelt sich um Goethes eigene Schwester. Er beschreibt sein sehr grundsätzliches Verhältnis zu ihr, als es um seinen Liebeskummer wegen seiner Trennung von Gretchen geht. Seine Schwester tröstet ihn – nicht ganz uneigennützig, wie Goethe zugibt.

Der Fall war eigen genug. So wie Vertraute, denen man ein Liebesverständnis offenbart, durch aufrichtige Teilnahme wirklich Mitliebende werden, ja zu Rivalen heranwachsen und die Neigung zuletzt wohl auf sich selbst hinziehen, so war es mit uns Geschwistern: denn indem mein Verhältnis zu Gretchen zerriß, tröstete mich meine Schwester um desto ernstlicher, als sie heimlich die Zufriedenheit empfand, eine Nebenbuhlerin losgeworden zu sein; und so mußte auch ich mit einer stillen Halbschadenfreude empfinden, wenn sie mir Gerechtigkeit widerfahren ließ, daß ich der einzige sei, der sie wahrhaft liebe, sie kenne und sie verehre.

Wenn sich nun bei mir von Zeit zu Zeit der Schmerz über Gretchens Verlust erneuerte und ich aus dem Stegreife zu weinen, zu klagen und mich ungebärdig zu stellen anfing, so erregte meine Verzweifelung über das Verlorene bei ihr eine gleichfalls verzweifelnde Ungeduld über das Niebesessene, Mißlungene und Vorübergestrichene solcher jugendlichen Neigungen, daß wir uns beide grenzenlos unglücklich hielten, und um so mehr, als in diesem seltsamen Falle die Vertrauenden sich nicht in Liebende umwandeln durften.

Eine unmögliche Beziehung drückt auch das folgende Gedicht treffend aus. Seine letzte Strophe wurde zum geflügelten Wort, besonders die letzten beiden Verse. Hier ist das ganze Gedicht:

Der Fischer

Das Wasser rauscht', das Wasser schwoll,
Ein Fischer saß daran,
Sah nach dem Angel ruhevoll,
Kühl bis ans Herz hinan.

Und wie er sitzt, und wie er lauscht,
Teilt sich die Flut empor;
Aus dem bewegten Wasser rauscht
Ein feuchtes Weib hervor.

Sie sang zu ihm, sie sprach zu ihm:
„Was lockst du meine Brut
Mit Menschenwitz und Menschenlist
Hinauf in Todesglut?

Ach wüßtest du, wie's Fischlein ist
so wohlig auf dem Grund,
Du stiegst herunter, wie du bist,
Und würdest erst gesund.

Labt sich die liebe Sonne nicht,
Der Mond sich nicht im Meer!
Kehrt wellenatmend ihr Gesicht
Nicht doppelt schöner her?

Lockt dich der tiefe Himmel nicht,
Das feuchtverklärte Blau!
Lockt dich dein eigen Angesicht
Nicht her in ew'gen Tau!"

Das Wasser rauscht', das Wasser schwoll,
Netzt' ihm den nackten Fuß;
Sein Herz wuchs ihm so sehnsuchtsvoll,
Wie bei der Liebsten Gruß.

Sie sprach zu ihm, sie sang zu ihm;
Da war's um ihn geschehn:
Halb zog sie ihn, halb sank er hin,
Und ward nicht mehr gesehn.

Erster Liebeskummer

Goethe wird als Fünfzehnjähriger von seinem angebeteten Gretchen, einer Putzmacherin, getrennt, nachdem sie in schlechte Gesellschaft geraten war. Der erste Liebeskummer seines jungen Lebens bricht ungebremst über ihn herein. Er verlegt sich tagelang aufs Weinen und Schluchzen, aufs Heulen und Schreien, und das bleibt nicht ohne gesundheitliche Folgen.

Ich hatte oft halbe Nächte durch mich mit dem größten Ungestüm diesen Schmerzen überlassen, so daß es durch Tränen und Schluchzen zuletzt dahin kam, daß ich kaum mehr schlingen konnte und der Genuß von Speise und Trank mir schmerzlich ward, auch die so nah verwandte Brust zu leiden schien.

Erst nach einigen Tagen erfuhr er von einem Freund, was „Gretchen ..., zu der ich ein für allemal die größte Neigung bekannte", ihn betreffend ausgesagt hatte.

„Wenn Sie's denn wissen wollen", versetzte er endlich, „als von Ihnen und Ihrem Umgang mit ihr die Rede war, sagte sie ganz freimütig: Ich kann es nicht leugnen, daß ich ihn oft und gern gesehen habe; aber ich habe ihn immer als ein Kind betrachtet, und meine Neigung zu ihm war wahrhaft schwesterlich ..."

Und schlagartig war Goethe von diesem Liebeskummer geheilt.

Daß sie mich für ein Kind zu den Akten erklärt, nahm ich ganz entsetzlich übel und glaubte mich auf einmal von aller Leidenschaft für sie geheilt; ja ich versicherte hastig meinen Freund, daß nun alles abgetan sei! Auch sprach ich nicht mehr von ihr, nannte ihren Namen nicht mehr ...

Doch so einfach ist das nicht. Seine verletzte Seele braucht einen Trost, und was ist leichter, als das Objekt der Begierde herabzusetzen? Goethe reagiert hier wie der Fuchs mit den Trauben und läßt an seinem Gretchen fast kein gutes Haar mehr:

Das alles wäre jedoch noch gut gewesen, wenn ich sie ... für eine verschmitzte und selbstsüchtige Kokette zu halten berechtigt gewesen wäre. Auch maskiert zur Putzmacherin kam sie mir nicht mehr so unschuldig vor, und ich kehrte diese ärgerlichen Betrachtungen so lange bei mir hin und wider, bis ich ihr alle liebenswürdigen Eigenschaften sämtlich abgestreift hatte. Dem Verstande nach war ich überzeugt und glaubte sie verwerfen zu müssen; nur ihr Bild! ihr Bild strafte mich Lügen, sooft es mir wieder vorschwebte, welches freilich noch oft genug geschah.

Immerhin hat sich eine grundsätzliche Besserung ergeben: Goethe kann das Heulen und Jammern weitgehend abstellen.

Indessen war denn doch dieser Pfeil mit seinen Widerhaken aus dem Herzen gerissen, und es fragte sich, wie man der inneren jugendlichen Heilkraft zu Hülfe käme? Ich ermannte mich wirklich, und das erste, was sogleich abgetan wurde, war das Weinen und Rasen, welches ich nun für höchst kindisch ansah. Ein großer Schritt zur Besserung!

Ungleiche Heirat

Selbst ein so himmlisches Paar fand nach der Verbindung sich ungleich:
Psyche ward älter und klug, Amor ist immer noch Kind.

Ännchen

> *Goethe bleibt indes nicht lange ungetröstet, und waren es bei Gretchen die äußeren Umstände, die sie trennten, so kann er bei Ännchen bereits aus seinen eigenen Fehlern lernen, wie man es nicht machen sollte, wenn man ein Mädchen nicht verlieren will:*

Meine frühere Neigung zu Gretchen hatte ich nun auf ein Ännchen übergetragen, von der ich nicht mehr zu sagen wüßte, als daß sie jung, hübsch, munter, liebevoll und so angenehm war, daß sie wohl verdiente, in dem Schrein des Herzens eine Zeitlang als eine kleine Heilige aufgestellt zu werden, um ihr jede Verehrung zu widmen, welche zu erteilen oft mehr Behagen erregt als zu empfangen.

Ich sah sie täglich ohne Hindernisse, sie half die Speisen bereiten, die ich genoß, sie brachte mir wenigstens abends den Wein, den ich trank, und schon unsere mittägige abgeschlossene Tischgesellschaft war Bürge, daß das kleine, von wenig Gästen außer der Messe besuchte Haus seinen guten Ruf wohl verdiente.

Ännchen hat nur einen Nachteil: Sie arbeitet in einem Leipziger Wirtshaus und hat nicht so viel freie Zeit, wie der Student Goethe gern mit ihr verbringen würde. Andererseits hatte sie jede Menge Kontakt mit anderen Menschen – rein beruflich. Und nach einer Weile reicht Goethe der unschuldige Kontakt nicht mehr, und er beginnt sie zu quälen. Einerseits läßt er seine schlechte Laune an ihr aus, andererseits plagt er sie mit unbegründeter Eifersucht.

Die böse Laune über das Mißlingen meiner poetischen Versuche, über die anscheinende Unmöglichkeit, hierüber ins klare zu kommen, und über alles, was mich hie und da sonst kneipen mochte, glaubte ich an ihr auslassen zu dürfen, weil sie mich wirklich von Herzen liebte und, was sie nur immer konnte, mir zu Gefallen tat.

Durch ungegründete und abgeschmackte Eifersüchteleien verdarb ich mir und ihr die schönsten Tage.

Doch ehe Goehte es sich versah, kehrte sich der Spieß um.

Sie ertrug es eine Zeitlang mit unglaublicher Geduld, die ich grausam genug war, aufs Außerste zu treiben. Allein zu meiner Beschämung und Verzweiflung mußte ich endlich bemerken, daß sich ihr Gemüt von mir entfernt habe und daß ich nun wohl zu den Tollheiten berechtigt sein möchte, die ich mir ohne Not und Ursache erlaubt hatte. Es gab auch schreckliche Szenen unter uns, bei welchen ich nichts gewann; und nun fühlte ich erst, daß ich sie wirklich liebte und daß ich sie nicht entbehren könne. Meine Leidenschaft wuchs und nahm alle Formen an, deren sie unter solchen Umständen fähig ist; ja zuletzt trat ich in die bisherige Rolle des Mädchens. Alles mögliche suchte ich hervor, um ihr gefällig zu sein, ihr sogar durch andere Freude zu verschaffen: denn ich konnte mir die Hoffnung, sie wiederzugewinnen, nicht versagen. Allein es war zu spät! ich hatte sie wirklich verloren ...

Entschuldigung

Du verklagest das Weib, sie schwanke von einem zum andern!
Tadle sie nicht: sie sucht einen beständigen Mann.

Genau das war Goethe aber nicht, wie schon der nächste Fall zeigt. Diesmal heißt die Angebetete Friederike, oder, wie Goethe schreibt, Friedericke.

Mein geliebt Geschwister

Die Liebe geht eigenartige Wege. Hier besingt Goethe den Schlaf seiner Angebeteten, die des Morgens so gar nicht aus den Federn will. Wer den Text genau liest, wundert sich nicht, daß es auch mit dieser Beziehung auf die Dauer nichts wird. Und das, obgleich Friederike sich wirklich liebevoll um Goethe gekümmert und ihm die besten Bissen aus der Suppe gefischt hat.

Erwache, Friedericke,
Vertreib die Nacht,
Die einer deiner Blicke
Zum Tage macht.
Der Vögel sanft Geflüster
Ruft liebevoll,
Daß mein geliebt Geschwister
Erwachen soll.

Ist dir dein Wort nicht heilig
Und meine Ruh?
Erwache! Unverzeihlich!
Noch schlummerst du!
Horch Philomelens Kummer
Schweigt heute still
Weil dich der böse Schlummer
Nicht meiden will.

Es zittert Morgenschimmer
Mit blödem Licht
Errötend durch dein Zimmer
Und weckt dich nicht.
Am Busen deiner Schwester
Der für dich schlagt
Entschläfst Du immer fester
Je mehr es tagt.

Ich seh dich schlummern, Schöne,
Vom Auge rinnt
Mir eine süße Träne
Und macht mich blind
Wer kann es fehllos sehen
Wer wird nicht heiß
Und wär er von den Zehen
Zum Kopf von Eis!

Vielleicht erscheint dir träumend
O Glück mein Bild
Das halb im Schlaf und reimend
Die Musen schilt
Erröten und erblassen
Sieh sein Gesicht:
Der Schlaf hat ihn verlassen
Doch wacht er nicht.

Die Nachtigall, im Schlafe
Hast du versäumt:
So höre nun zur Strafe
Was ich gereimt
Schwer lag auf meinem Busen
Des Reimes Joch.
Die schönste meiner Musen,
Du – schliefst ja noch.

Stellen Sie sich nur einmal vor, Goethe hätte Friederike aufgeweckt!

Aus der Straßburger Zeit, in der Goethe Friederike kennen- und, wie er meint, lieben gelernt hat, stammen auch so bekannte Gedichte wie „Sah ein Knab ein Röslein stehn". Sie finden es im letzten Kapitel dieses Bandes.

Ein leichter Zug von Selbstironie liegt auch über diesem Gedicht. Goethe trieft hier fast vor Selbstmitleid. Doch ist er selbst derjenige, der die Trennung herbeiführt. Friederike war gewissermaßen die Muse seiner Straßburger Studententage. Mit dem Examen war auch ihre Beziehung beendet – was er ihr allerdings nicht sagt, als er sie nach dem Examen ein letztes Mal aufsucht und sie anschließend für immer verläßt.

Ein grauer, trüber Morgen
Bedeckt mein liebes Feld,
Im Nebel tief verborgen
Liegt um mich her die Welt.
o liebliche Friedricke,
Dürft ich nach dir zurück!
In einem deiner Blicke
Liegt Sonnenschein und Glück.

Der Baum, in dessen Rinde
Mein Nam bei deinem steht,
Wird bleich vom rauhen Winde,
Der jede Lust verweht.
Der Wiesen grüner Schimmer
Wird trüb wie mein Gesicht,
Sie sehen die Sonne nimmer,
Und ich Friedricken nicht.

Die Sache mit dem Baum und der Rinde war übrigens eine Marotte der damaligen Zeit (und nicht nur jener). Einmal schnitzte Goethe ein ganzes Gedicht in die Wand einer Hütte, wo es denn später unter einer Abdeckung gesichert wurde. Auch vor antiken Wänden machte Goethe nicht halt:

Beim Besuch der Villa des Kaisers Hadrian in der Nähe von Tivoli bei Rom verewigte sich Goethe im antiken Stuck eines unterirdischen Ganges. Leider taten das so viele Leute nach ihm, daß seine Unterschrift heute kaum noch aufzufinden ist.

Erfolgreich abgewehrt

Der folgende Fall von vergeblicher Liebesmüh grenzt ans Tragikomische: Goethe läßt die Dame seines Herzens vergeblich warten, hat er doch den ihre Tugend bewachenden Onkel erspäht. Glaubt er.

Loser Vogel

„Warum bist du, Geliebter, nicht heute zur Vigne gekommen?
Einsam, wie ich versprach, wartet ich oben auf dich.“ –
Beste, schon war ich hinein; da sah ich zum Glücke den Oheim
Neben den Stöcken, bemüht, hin sich und her sich zu drehn.
Schleichend eilt ich hinaus! „O welch ein Irrtum ergriff dich!
Eine Scheuche nur wars, was dich vertrieb! Die Gestalt
Flickten wir emsig zusammen aus alten Kleidern und Rohren;
Emsig half ich daran, selbst mir zu schaden bemüht.“ –
Nun, des Alten Wunsch ist erfüllt; den losesten Vogel
Scheucht' er heute, der ihm Gärtchen und Nichte bestiehlt.

Die nächste Verlassene: Lily

Lili war gerade 16 Jahre alt, als Goethe sie kennen lernte. 1775 wurde sie seine Verlobte. Doch dabei blieb es auch. Geht es Goethe hier eigentlich um Lily? Oder ist er verliebt in die Liebe?

Wenn ich, liebe Lili, dich nicht liebte,
Welche Wonne gäb' mir dieser Blick!
Und doch, wenn ich, Lili, dich nicht liebte,
Fänd' ich hier und fänd' ich dort mein Glück?

Aus dem Nachher-Gedicht an Lily klingt wieder liebevolle Selbstironie – als Frau hat er Lily verloren, als Muse steht sie ihm noch zur Verfügung.

Holde Lili, warst so lang
All meine Lust und all mein Sang.
Bist, ach, nun all mein Schmerz – und doch:
All mein Sang bist du noch.

Von Frauen sagt Goethe einmal ehrlich bewundernd einen Satz, der andererseits etwas Sarkastisches hat, bedenkt man, wie oft Goethe seinen Angebeteten das Herz brach.

Ich finde das einen sehr hübschen Zug an den Frauen, daß sie ihre Anhänglichkeit an irgendeinen Mann so lange noch fortsetzen, ja durch keine Art von Trennung stören oder aufheben lassen.

Die Mädchen dieser frühen Gedichte sind alle unschuldig und sauber, eingebettet in eine heile Welt, an der Goethe vorübergehend Anteil hat, ohne ihnen seinerseits als Ehemann dieselbe heile Welt bieten zu können.

Im folgenden Gedicht ist Goethe der Verlassene, und wieder einmal endet ein Liebesabenteuer mit einer gehörigen Portion Selbstironie: Eine neue Liebe wird zur Rettung. Und „Rettung" ist auch der Titel des Gedichts.

Mein Mädchen ward mir ungetreu,
Das machte mich zum Freudenhasser;
Da lief ich an ein fließend Wasser,
Das Wasser lief vor mir vorbei.

Da stund ich nun, verzweifelnd, stumm,
Im Kopfe war mir's wie betrunken,
Fast wär' ich in den Strom gesunken,
Es ging die Welt mit mir herum.

Auf einmal hört' ich was, das rief –
Es war ein Stimmchen zum Entzücken:
„Nimm dich in acht! der Fluß ist tief."

Da lief mir was durchs ganze Blut,
Ich seh', so ist's ein liebes Mädchen;
Ich frage sie: wie heißt du? „Käthchen!" –
„O schönes Käthchen! Du bist gut.

Du hältst vom Tode mich zurück,
Auf immer dank' ich dir mein Leben;
Allein das heißt mir wenig geben,
Nun sei auch meines Lebens Glück!"

Und dann klagt' ich ihr meine Not,
Sie schlug die Augen lieblich nieder;
Ich küßte sie und sie mich wieder;
Und – vorderhand nichts mehr vom Tod.

Goethes Frauenbild hebt langsam ab. Die Frau wird zur Göttin, zur angebeteten überirdischen Gestalt. Das folgende Gedicht ist wie eine Hymne an ein solches Wesen. Lassen Sie sich vom Bild der Morgenstimmung umspielen.

Zueignung

Der Morgen kam; es scheuchten seine Tritte
Den leisen Schlaf, der mich gelind umfing,
Daß ich, erwacht, aus meiner stillen Hütte
Den Berg hinauf mit frischer Seele ging;
Ich freute mich bei einem jeden Schritte
Der neuen Blume, die voll Tropfen hing;
Der junge Tag erhob sich mit Entzücken,
Und alles war erquickt, mich zu erquicken.

Und wie ich stieg, zog von dem Fluß der Wiesen
Ein Nebel sich in Streifen sacht hervor;
Er wich und wechselte, mich zu umfließen'
Und wuchs geflügelt mir ums Haupt empor:
Des schönen Blicks sollt ich nicht mehr genießen,
Die Gegend deckte mir ein trüber Flor;
Bald sah ich mich von Wolken wie umgossen
Und mit mir selbst in Dämmrung eingeschlossen.

Auf einmal schien die Sonne durchzudringen,
Im Nebel ließ sich eine Klarheit sehn.
Hier sank er, leise sich hinabzuschwingen,
Hier teilt' er steigend sich um Wald und Höhn.
Wie hofft ich ihr den ersten Gruß zu bringen!
Sie hofft ich nach der Trübe doppelt schön.
Der luftge Kampf war lange nicht vollendet,
Ein Glanz umgab mich, und ich stand geblendet.

Bald machte mich, die Augen aufzuschlagen,
Ein innrer Trieb des Herzens wieder kühn,

Ich konnt es nur mit schnellen Blicken wagen,
Denn alles schien zu brennen und zu glühn.
Da schwebte, mit den Wolken hergetragen,
Ein göttlich Weib vor meinen Augen hin,
Kein schöner Bild sah ich in meinem Leben,
Sie sah mich an und blieb verweilend schweben.

Es kommt zum Gespräch, als dessen Ergebnis die Erscheinung den Schleier von der Umgebung zieht und ihn Goethe reicht. Gleichzeitig gibt sie sich zu erkennen:

Ich kenne dich, ich kenne deine Schwächen,
Ich weiß, was Gutes in dir lebt und glimmt!
– So sagte sie, ich hör sie ewig sprechen, –
Empfange hier, was ich dir lang bestimmt!
Dem Glücklichen kann es an nichts gebrechen,
Der dies Geschenk mit stiller Seele nimmt:
Aus Morgenduft gewebt und Sonnenklarheit,
Der Dichtung Schleier aus der Hand der Wahrheit.“

Vom behütet eingebetteten Mädchen zur Personifikation der Wahrheit – Goethes Frauenbild hebt wahrlich ab. Und einer realen Frau wird es immer schwerer, dem zu genügen.

Auch „Lida“ aus dem nachfolgenden Gedicht ist so eine Gestalt, die Goethe durch den Flor der lärmenden Bewegung des Lebens wie in Wolken erblickt. Sie wirkt wenig körperhaft und ist mehr Idee als Persönlichkeit.

Wenn man weiß, daß es sich bei Lida um die verheiratete und daher für Goethe unerreichbare Frau von Stein handelte, wird dieser Eindruck allerdings verständlich.

An Lida

Den Einzigen, Lida, welchen du lieben kannst,
Forderst du ganz für dich, und mit Recht.
Auch ist er einzig dein.
Denn seit ich von dir bin,
Scheint mir des schnellsten Lebens
Lärmende Bewegung
Nur ein leichter Flor, durch den ich deine Gestalt
Immerfort wie in Wolken erblicke:
Sie leuchtet mir freundlich und treu,
Wie durch des Nordlichts bewegliche Strahlen
Ewige Sterne schimmern.

Gerade Goethes Verhältnis zu Frau von Stein hat immer wieder Rätselraten aufgegeben. War es nun rein platonisch? Hat er es wahrgemacht, daß er an sie nur wie an einen Stern dachte, da er sie nicht erreichen konnte, wie er einmal schrieb?

Oder gab es da doch etwas mehr als nur Sehnsucht und Anziehung im Rahmen der strengen Sitten einer deutschen Kleinstadt? Das folgende Gedicht läßt es vermuten. Allerdings ist es unter fremder Flagge veröffentlicht worden, nämlich mit dem irreführenden Titel „Aus dem Griechischen".

Lida läßt bewußt an Leda denken, und der näherte sich Zeus in Gestalt eines Schwans, woraufhin sie die Mutter von Apoll und Artemis wurde. Nur in der griechischen Mythologie allerdings ist die Verbindung eines Schwans mit einer Sterblichen fruchtbar.

Der Becher

Einen wohlgeschnitzten vollen Becher
Hielt ich drückend in den beiden Händen,
Sog begierig süßen Wein vom Rande,
Gram und Sorg auf einmal zu vertrinken.

Amor trat herein und fand mich sitzen,
Und er lächelte bescheiden-weise,
Als den Unverständigen bedauernd:

„Freund, ich kenn ein schöneres Gefäße,
Wert, die ganze Seele drein zu senken!
Was gelobst du, wenn ich dir es gönne,
Es mit anderm Nektar dir erfülle?“

O wie freundlich hat er Wort gehalten!
Da er, Lida, dich mit sanfter Neigung
Mir, dem lange Sehnenden, geeignet.

Wenn ich deinen lieben Leib umfasse
Und von deinen einzig treuen Lippen
Langbewahrter Liebe Balsam koste,
Selig sprech ich dann zu meinem Geiste:

„Nein, ein solch Gefäß hat, außer Amorn,
Nie ein Gott gebildet noch besessen!
Solche Formen treibet nicht Vulkanus
Mit den sinnbegabten, feinen Hämmern!

Auf belaubten Hügeln mag Lyäus
Durch die ältsten, klügsten seiner Faunen
Ausgesuchte Trauben keltern lassen,
Selbst geheimnisvoller Gärung vorstehn:
Solchen Trank verschafft ihm keine Sorgfalt!“

Doch es finden sich auch ganz andere Töne in Goethes Versen an die Frauen.

Bin so in Lieb zu ihr versunken,
Als hätt ich von ihrem Blut getrunken.

Ein Hauch von Körperlichkeit ist erkennbar. Und deutlich wird er in folgendem Epigramm (denken Sie wieder an des Springquells flüssige Säule):

Lange sucht ich ein Weib mir, ich suchte, da fand ich nur Dirnen,
Endlich erhascht ich dich mir, Dirnchen, da fand ich ein Weib.

Wisst ihr, wie ich gewiß zu Hunderten euch Epigramme fertige?
Führet mich nur weit von der Liebsten hinweg!

Hier sind die Frauen Frauen, nicht mehr behütete junge Mädchen, sie werden gar zur Gefahr für die Produktivität des Dichters – und sie sind auch durchaus erreichbar. Allerdings nicht ganz kostenlos, wie auch Goethe zu spüren bekommt. Den Ausweg sieht er wohl, allein ...

Alle Weiber sind Ware, mehr oder weniger kostet
Sie den begierigen Mann, der sich zum Handel entschließt.
Glücklich ist die Beständige, die den Beständigen findet,
Einmal nur sich verkauft und auch nur einmal gekauft wird.

Arbeitsteilung

Wie aber stellte sich Goethe nun die ideale Beziehung in der Praxis vor? Anläßlich seiner Beziehung zu Gretchen erfahren wir einiges darüber. Und das kann modernen Frauen nur die Haare aufstellen. Goethe schreibt:

Denn einem jungen Paare, das von der Natur einigermaßen harmonisch gebildet ist, kann nichts zu einer schönern Vereinigung gereichen, als wenn das Mädchen lehrbegierig und der Jüngling lehrhaft ist. Es entsteht daraus ein so gründliches als angenehmes Verhältnis. Sie erblickt in ihm den Schöpfer ihres geistigen Daseins und er in ihr ein Geschöpf, das nicht der Natur, dem Zufall oder einem einseitigen Wollen, sondern einem beiderseitigen Willen seine Vollendung verdankt …

Und in der Tat gab sich der Fünfzehnjährige große Mühe, seinem Gretchen ganz genau die Welt zu erklären, insbesondere die Ereignisse und Zeremonien während der Krönung Josefs II. zum Römischen König in Frankfurt in jenen Tagen, ehe sie auseinandergerissen wurden.

Eheglück

Goethes Frau entsprach diesem Bild. Vielleicht war gerade dies das Geheimnis ihres Erfolges an der Seite des großen Dichters: Sie versuchte gar nicht erst, ihn mit gescheiten Reden zu beeindrucken, sondern hielt sich an ihren Bereich – zum beiderseitigen Nutzen. Goethe formulierte das einmal so:

Zuerst muß ich Ihnen sagen, daß von allen meinen Werken meine Frau keine Zeile gelesen hat. Das Reich des Geistes hat kein Dasein für sie, für die Haushaltung ist sie geschaffen. Hier überhebt sie mich aller Sorgen, hier lebt und webt sie; es ist ihr Königreich. Dabei liebt sie Putz und Geselligkeit und geht gern ins Theater. Es fehlt ihr aber nicht an einer Art von Kultur, die sie in meiner Gesellschaft und besonders im Theater erlangt hat.

Durch ihren gänzlich unverbildeten (nicht jedoch ungebildeten) Verstand holte sie jedoch Goethe so manches Mal wieder auf den Boden zurück, wenn er sich in hochgeistigen Argumenten verstrickt hatte. Eine Zeitgenossin zitiert Goethe mit folgenden Worten:

Goethe hat uns oft gesagt, daß, wenn er mit einer Sache in seinem Geiste beschäftigt wäre, sich die Ideen zu stark bei ihm drängten, er dann manchmal zu weit käme und sich selbst nicht mehr zurecht finden könne; wie er dann zu ihr ginge, ihr einfach die Sache vorlege und oft erstaunen müßte, wie sie mit ihrem einfachen natürlichen Scharfblick immer gleich das Richtige herauszufinden wisse und er ihr in dieser Beziehung schon manches verdanke.

Gerade Goethes Verhältnis zu Christiane gab seiner Umgebung viel zu klatschen. Schließlich lebte er 16 Jahre lang mit ihr zusammen, ehe er sie endlich heiratete. Mit ihrem ersten gemeinsamen Kind war sie allerdings bereits ein halbes Jahr nach dem Einzug bei Giethe schwanger.

Wie ernst Goethe diese wilde Ehe nahm, geht aus einer Bemerkung gegenüber Schiller hervor:

Ich bin verheiratet, nur nicht mit Zeremonie.

Das folgende Gedicht beschreibt seine Frau mit vielen warmen runden Worten, durchaus auch ihre körperlichen Reize, und es beschreibt, wieso Goethe sich bei ihr so wohl fühlte.

Christel

Hab oft einen dumpfen düstern Sinn,
Ein gar so schweres Blut!
Wenn ich bei meiner Christel bin,
Ist alles wieder gut –
Ich seh sie dort, ich seh sie hier
Und weiß nicht auf der Welt,
Und wie und wo und wann sie mir,
Warum sie mir gefällt.

Das schwarze Schelmenaug dadrein,
Die schwarze Braue drauf,
Seh ich ein einzigmal hinein,
Die Seele geht mir auf.
Ist eine, die so lieben Mund,
Liebrunde Wänglein hat?
Ach, und es ist noch etwas rund,
Da sieht kein Aug sich satt!

Und wenn ich sie denn fassen darf
Im luftgen deutschen Tanz,
Das geht herum, das geht so scharf,
Da fühl ich mich so ganz!
Und wenns ihr taumlig wird und warm,
Da wieg ich sie sogleich
An meiner Brust, in meinem Arm;
Es ist mir ein Königreich!

Und wenn sie bebend nach mir blickt
Und alles rund vergißt,
Und dann an meine Brust gedrückt

Und weidlich eins geküßt,
Das läuft mir durch das Rückenmark
Bis in die große Zeh!
Ich bin so schwach, ich bin so stark,
Mir ist so wohl, so weh!

Da möcht ich mehr und immer mehr,
Der Tag wird mir nicht lang;
Wenn ich die Nacht auch bei ihr wär,
Davor wär mir nicht bang.
Ich denk, ich halte sie einmal
Und büße meine Lust;
Und endigt sich nicht meine Qual,
Sterb ich an ihrer Brust!

Die Unfrau: Bettina

Angesichts Goethes wirklich großer Leidenschaft für Frauen und seiner Bereitschaft, sich immer wieder zu verlieben, muß es verwundern zu hören, daß er einmal eine Frau im wahrsten Sinne des Wortes von seinem Schoß gestoßen hat. Beim ersten Mal allerdings läßt er sie gewähren. Es handelt sich um Bettina von Brentano, die in „Goethes Briefwechsel mit einem Kinde" ihrer schwärmerischen Beziehung zu dem großen Dichter ein Denkmal gesetzt hat. Sie lernte zunächst seine Mutter kennen und suchte 1807 Goethe in Weimar auf.

Zu diesem Zeitpunkt war sie 22 Jahre alt – und setzte sich ganz ungeniert bei Goethe auf den Schoß (und schlief darauf ein).

Als frisch gebackene Ehefrau Achim von Arnims 1811 provoziert sie Goethes Frau, bis es zum Eklat kommt: Bei einem Besuch in einer Bildergalerie rutscht Christiane die Hand aus, sie will der frechen jungen Dame eine Ohrfeige verpassen, bremst sich aber rechtzeitig ein und fegt ihr dadurch „nur" die Brille von der Nase – die Teil des Anstoßes gewesen war. Goethe stellte sich bei dem folgenden Streit auf die Seite seiner Frau und warf Bettina und Achim von Arnim hinaus.

Als Bettina 1823 und 1825 wieder bei Goethe in Weimar aufkreuzte, wurde dieser ungehalten, und auf ihre Bestrebungen, bei Hofe eingeführt zu werden, reagierte Goethe mit einem Brief an seinen Fürsten, in dem es gar köstlich heißt:

Diese leidige Bremse ist mir als Erbstück von meiner guten Mutter schon viele Jahre sehr unbequem. Sie wiederholt dasselbe Spiel, das ihr in der Jugend allenfalls kleidete, wieder, spricht von Nachtigallen und zwitschert wie ein Zeisig. Befehlen Ew. Hoheit, so verbiet ich ihr in allem Ernst onkelhaft jede weitere Behelligung.

Schönste Vollendung

Hat Goethe auch an Christianes Seite das irdische Glück gefunden, so hinderte ihn das nicht, daran, das Ideal einer spirituellen Vereinigung hochzuhalten. Am Ende von Faust II kommt es zum Vorschein, wenn – diesmal Fausts – Gretchen, die hier als Eine

Büßerin auftritt, zur Mater Gloriosa sagt (und sich damit selbst beinahe zitiert):

Neige, neige,
Du Ohnegleiche,
Du Strahlenreiche,
Dein Antlitz gnädig meinem Glück!
Der früh Geliebte,
Nicht mehr Getrübte,
Er kommt zurück.

Der nicht mehr Getrübte, also der zum Doctor Marianus gewandelte und geläuterte Faust, stimmt ein:

Jungfrau, Mutter, Königin,
Göttin, bleibe gnädig!

Und wenn sie nicht gestorben sind, so streben sie noch heute, möchte man hinzufügen.

Handfestes Genießen

In den Venezianischen Epigrammen wird Goethe in vieler Hinsicht konkret und nennt so manche Dinge beim Namen. Das Bild des abgehobenen Olympiers wird spätestens hier endgültig zerstört.

„Schläfst du noch immer?" – Nur still, und laß mich ruhen; erwach ich
Nun, was soll ich denn hier? Breit ist das Bette, doch leer.

Auch bei den folgenden Epigrammen schadet es nicht, wenn man die Phantasie ein wenig fliegen läßt und zwischen den Worten ergänzt, was Goethe mit der letzen Zeile nur andeutet:

Was Spelunke nun sei, verlangt ihr zu wissen? Da wird ja
Fast zum Lexikon dies epigrammatische Buch.
Dunkele Häuser sinds in engen Gäßchen; zum Kaffee
Führt dich die Schöne, und sie zeigt sich geschäftig, nicht du.

Was es mit der Geschäftigkeit der Schönen auf sich hat, schildert Goethe in den folgenden Versen. Köstlich ist auch die Solidarität mit den männlichen Venezianern, die er hier ganz am Schluß erkennen läßt.

Seid Ihr ein Fremder, mein Herr? bewohnt Ihr Venedig? so fragten
Zwei Lazerten, die mich in die Spelunke gelockt.
Ratet! - Ihr seid ein Franzos! ein Napolitaner! Sie schwatzten
Hin und wieder und schnell schlürften sie Kaffee hinein.
Tun wir etwas! sagte die Schönste; sie setzte die Tasse
Nieder, ich fühlte sogleich ihre geschäftige Hand.
Sacht ergriff ich und hielte sie fest; da streckte die zweite

Zierliche Fingerchen aus, und ich verwehrt es auch ihr.
Ach! es ist ein Fremder! so riefen sie beide; sie scherzten,
Baten Geschenke sich aus, die ich, doch sparsam, verlieh.
Drauf bezeichneten sie mir die entfernte Wohnung
Und zu dem wärmeren Spiel spätere Stunden der Nacht.
Kannten diese Geschöpfe sogleich den Fremden am Weigern,
O so wißt ihr, warum blaß der Venetier schleicht.

Wie man sich täuschen kann – so könnte man die folgende Geschichte betiteln. Hier ist es keine „Lazerte", die Goethe in eine Spelunke führt, sondern ein scheinbar unschuldiges junges Ding ...

In dem engsten der Gäßchen - es drängte sich kaum durch die Mauern
Saß mir ein Mädchen im Weg, als ich Venedig durchlief.
Sie war reizend, der Ort, ich ließ mich Fremder verführen;
Ach, ein weiter Kanal tat sich dem Forschenden auf.
Hättest du Mädchen wie deine Kanäle, Venedig, und F…
Wie die Gäßchen in dir, wärst du die herrlichste Stadt.

Eva

Fürchte nicht, liebliches Mädchen, die Schlange, die dir begegnet.
Eva kannte sie schon, frage den Pfarrer, mein Kind.

Die Römischen Elegien sind zum Teil weniger direkt als die Venezianischen Epigramme, haben es aber ebenso in sich. Hier breitet Goethe mitunter fröhlich seine antike Bildung aus. Und ganz am Schluß holt er den Leser wieder auf den Boden der Tatsachen und knarrenden Betten zurück. Lassen Sie sich verführen ...

Mehr als ich ahndete schön, das Glück, es ist mir geworden,
Amor führte mich klug allen Palästen vorbei.
Ihm ist es lange bekannt, auch hab ich es selbst wohl erfahren,
Was ein goldnes Gemach hinter Tapeten verbirgt.
Nennet blind ihn und Knaben und ungezogen, ich kenne,
Kluger Amor, dich wohl, nimmer bestechlicher Gott!
Uns verführten sie nicht, die majestätischen Fassaden,
Nicht der galante Balkon, weder das ernste Kortil.
Eilig ging es vorbei, und niedre zierliche Pforte
Nahm den Führer zugleich, nahm den Verlangenden auf.
Alles verschafft er mir da, hilft alles und alles erhalten,
Streuet jeglichen Tag frischere Rosen mir auf.
Hab ich den Himmel nicht hier? – Was gibst du, schöne Borghese,
Nipotina, was gibst deinem Geliebten du mehr?
Tafel, Gesellschaft und Kors' und Spiel und Oper und Bälle,
Amorn rauben sie nur oft die gelegenste Zeit.
Ekel bleibt mir Gezier und Putz und hebet am Ende
Sich ein brokatener Rock nicht wie ein wollener auf?
Oder will sie bequem den Freund im Busen verbergen,
Wünscht er von alle dem Schmuck nicht schon behend sie befreit?
Müssen nicht jene Juwelen und Spitzen, Polster und Fischbein
Alle zusammen herab, eh er die Liebliche fühlt?
Näher haben wir das! Schon fällt dein wollenes Kleidchen,
So wie der Freund es gelöst, faltig zum Boden hinab.
Eilig trägt er das Kind, in leichter linnener Hülle,
Wie es der Amme geziemt, scherzend aufs Lager hinan.
Ohne das seidne Gehäng und ohne gestickte Matratzen,
Stehet es, zweien bequem, frei in dem weiten Gemach.
Nehme dann Jupiter mehr von seiner Juno, es lasse

Wohler sich, wenn er es kann, irgendein Sterblicher sein.
Uns ergötzen die Freuden des echten nacketen Amors
Und des geschaukelten Betts lieblicher knarrender Ton.

Schwärmerei

Ich empfehle mich euch! Seid wacker, sagst du und reichest
Mir das Tellerchen dar, lächelst und dankest gar schön.
Ach, empfohlen bist du genug, und wärst du nur älter,
Wacker wollten wir sein, wach bis zum Krähen des Hahns.

Zürnet nicht, ihr Frauen, daß wir das Mädchen bewundern:
Ihr genießet des Nachts, was sie am Abend erregt.

Alle sagen mir, Kind, daß du mich betriegest,
O betriege mich nur immer und immer so fort.

Das folgende Gedicht geht auf eine antike Wandmalerei zurück, die in Pompeji ans Licht kam und sogleich gezeichnet, als Kupferstich wiedergegeben und kopiert wurde. Darauf sind zwei Frauen dargestellt, von denen die eine der anderen

Liebesgötter verkauft – kleine geflügelte Wesen, die sie in einem Vogelkäfig mitgebracht hat und nun einzeln anpreist.

In glatte Reime gesetzt, macht Goethe hier seine spitzen Bemerkungen, nicht nur über käufliche Liebesgötter.

Wer kauft Liebesgötter?

Von allen schönen Waren,
Zum Markte hergefahren,
Wird keine mehr behagen,
Als die wir euch getragen
Aus fremden Ländern bringen.
O höret, was wir singen!
Und seht die schönen Vögel,
Sie stehen zum Verkauf.

Zuerst beseht den großen,
Den lustigen, den losen!
Er höpfet leicht und munter
Von Baum und Busch herunter;
Gleich ist er wieder droben.
Wir wollen ihn nicht loben.
O seht den muntern Vogel!
Er steht hier zum Verkauf.

Betrachtet nun den kleinen,
Er will bedächtig scheinen,
Und doch ist er der lose,
So gut als wie der große;
Er zeiget meist im stillen
Den allerbesten Willen.
Der lose kleine Vogel,
Er steht hier zum Verkauf.

O seht das kleine Täubchen,
Das liebe Turtelweibchen!

Die Mädchen sind so zierlich,
Verständig und manierlich;
Sie mag sich gerne putzen
Und eure Liebe nutzen.
Der kleine zarte Vogel,
Er steht hier zum Verkauf.

Wir wollen sie nicht loben,
Sie stehn zu allen Proben~
Sie lieben sich das Neue;
Doch über ihre Treue
Verlangt nicht Brief und Siegel,
Sie haben alle Flügel.
Wie artig sind die Vögel,
Wie reizend ist der Kauf!

Aus dem Bett vertrieben

Der Liebesgott Amor machte Goethe zu schaffen. In humoriger Form schildert der Dichter im folgenden Gedicht, wie ihm geschah: was nur für ein paar Stunden geplant war, krempelt gerade sein Leben um:

Cupido, loser, eigensinniger Knabe!
Du batst mich um Quartier auf einige Stunden.
Wie viele Tag' und Nächte bist du geblieben!
Und bist nun herrisch und Meister im Hause geworden!

Von meinem breiten Lager bin ich vertrieben;
Nun sitz ich an der Erde, Nächte gequälet;

Dein Mutwill schüret Flamm auf Flamme des Herdes,
Verbrennet den Vorrat des Winters und senget mich Armen.

Du hast mir mein Geräte verstellt und verschoben;
Ich such und bin wie blind und irre geworden.
Du lärmst so ungeschickt; ich fürchte, das Seelchen
Entflieht, um dir zu entfliehn, und räumet die Hütte.

Liebestraum

Bald geh ich in die Reben
Und herbste Trauben ein;
Umher ist alles Leben,
Es strudelt neuer Wein.
Doch in der öden Laube,
Ach, denk ich, wär sie hier!
Ich brächt ihr diese Traube,
Und sie – was gäb sie mir?

Die Wirklichkeit danach

Nachdem „sie" ihm, der da in der öden Laube des vorigen Gedichts gewartet hat, gegeben hat, was er sich erhofft hat, konnte es durchaus vorkommen, daß sie schwanger wurde. Und auch dieses Thema wird in Epigrammen verewigt – und das ganz ohne Spott. Um Goethe nicht als frauenverführenden Macho dastehen zu lassen, seien die beiden folgenden Gedichte hier auch aufgenommen. Sie zeigen, wie liebevoll Goethe mit der Aussicht auf die Früchte der Liebe umgehen konnte. Im ersten richtet sich der Spott nur gegen die Unwissenheit des Mädchens, nicht aber gegen die Tatsache ihrer Schwangerschaft. Das zweite Gedicht ist eine sehr sanfte Begrüßung eines Ungeborenen und einfach schön.

Ach, mein Hals ist ein wenig geschwollen! so sagte die Beste
Ängstlich. – Stille, mein Kind! still! und vernehme das Wort:
Dich hat die Hand der Venus berührt; sie deutet dir leise,
Daß sie das Körperchen bald, ach! unaufhaltsam verstellt.
Bald verdirbt sie die schlanke Gestalt, die zierlichen Brüstchen
Alles schwillt nun, es paßt nirgends das neuste Gewand,
Sei nur ruhig! es deutet die fallende Blüte dem Gärtner,
Daß die liebliche Frucht schwellend im Herbste gedeiht.

Wonniglich ists, die Geliebte verlangend im Arme zu halten
Wenn ihr klopfendes Herz Liebe zuerst dir gesteht.
Wonniglicher, das Pochen des Neulebendigen fühlen,
Das in dem lieblichen Schoß immer sich nährend bewegt.
Schon versucht es die Sprünge der raschen Jugend; es klopfet
Ungeduldig schon an, sehnt sich nach himmlischem Licht.
Harre noch wenige Tage! Auf allen Pfaden des Lebens
Führen die Horen dich streng, wie es das Schicksal gebeut.
Widerfahre dir, was dir auch will, du wachsender Liebling –
Liebe bildete dich; werde dir Liebe zuteil!

Nicht jugendfrei

Zum leichteren Lesen sei an den Lehrsatz für Distichen erinnert (siehe oben Seite 41). Priapos ist ein antiker Fruchtbarkeitsgott, der meist mit ungeheurem erigierten Penis dargestellt wird.

Hier ist mein Garten bestellt, hier wart ich die Blumen der Liebe,
Wie sie die Muse gewählt, weislich in Beete verteilt.
Früchte bringenden Zweig, die goldenen Früchte des Lebens.
Glücklich pflanzt ich sie an, warte mit Freuden sie nun.
Stehe du hier an der Seite, Priap! ich habe von Dieben
Nichts zu befürchten, und frei pflück und genieße, wer mag.
Nur bemerke die Heuchler, entnervte, verschämte Verbrecher;
Nahet sich einer und blinzt über den zierlichen Raum,
Ekelt an Früchten der reinen Natur, so straf ihn von hinten
Mit dem Pfahle, der dir rot von den Hüften entspringt.

Hinten im Winkel des Gartens, da stand ich, der letzte der Götter.
Rohgebildet, und schlimm hatte die Zeit mich verletzt.
Kürbisranken schmiegten sich auf am veralteten Stamme
Und schon krachte das Glied unter den Lasten der Frucht.
Dürres Gereisig neben mir all, dem Winter gewidmet,
Den ich hasse, denn er schickt mir die Raben aufs Haupt,
Schändlich mich zu besudeln; der Sommer sendet die Knechte,
Die, sich entladende, frech zeigen das rohe Gesäß.
Unflat oben und unten! ich mußte fürchten, ein Unflat
Selber zu werden, ein Schwamm, faules verlorenes Holz.
Nun, durch deine Bemühung, o! redlicher Künstler, gewinn ich
Unter Göttern den Platz, der mir und andern gebührt.
Wer hat Jupiters Thron, den schlechterworbnen, befestigt?
Farb und Elfenbein, Marmor und Erz und Gedicht.
Gern erblicken mich nun verständige Männer, und denken
Mag sich jeder so gern, wie es der Künstler gedacht.
Nicht das Mädchen entsetzt sich vor mir und nicht die Matrone,
Häßlich bin ich nicht mehr, bin ungeheuer nur stark.

Dafür soll dir denn auch halbfußlang die prächtige Rute
Strotzen vom Mittel herauf, wenn es die Liebste gebeut,
Soll das Glied nicht ermüden, als bis ihr die Dutzend Figuren
Durchgenossen, wie sie künstlich Philänis erfand.

Wortklauberei

Gib mir statt „Der Sch…" ein ander Wort, o Priapus,
Denn ich Deutscher, ich bin übel als Dichter geplagt.
Griechisch nennt ich dich phallos, das klänge doch prächtig den Ohren,
Und lateinisch ist auch *mentula* leidlich ein Wort,
Mentula käme von mens, der Sch… ist etwas von hinten,
Und nach hinten war mir niemals ein froher Genuß.

(Spätestens jetzt sollte klar sein, daß Goethes berühmtes Distychon:

Knaben liebt ich wohl auch, doch lieber sind mir die Mädchen;
Hab ich als Mädchen sie satt, dient sie als Knabe mir noch.

keinerlei Bekenntnis zur Knabenliebe enthielt – auch wenn seine Zeit davon voll und ihre Kultur davon geprägt war.)

Freudscher Versprecher

Camper der jüngere trug in Rom die Lehre des Vaters
Von den Tieren uns vor, wie die Natur sie erschuf,
Bäuche nahm und gab, dann Hälse, Pfoten und Schwänze.
Alles gebrochenes Deutsch, so wie geerbter Begriff.
Endlich sagt' er: „Vierfüßiges Tier, wir habens vollendet,
Und es bleibet uns nur, Freunde, das Vöglen zurück!"
Armer Camper, du hast ihn gebüßt, den Irrtum der Sprache,
Denn acht Tage darnach lagst du und schlucktest Merkur.

Merkur ist Quecksilber. Und das gab man als Mittel gegen Geschlechtskrankheiten.

Fingerringe

Köstliche Ringe besitz ich! Gegrabne fürtreffliche Steine
Hoher Gedanken und Stils fasset ein lauteres Gold.
Teurer bezahlt man die Ringe, geschmückt mit feurigen Steinen,
Blinken hast du sie oft über dem Spieltisch gesehn.
Aber ein Ringelchen kenn ich, das hat sich anders gewaschen,
Das Hans Carvel einmal traurig im Alter besaß.
Unklug schob er den kleinsten der zehn Finger ins Ringchen;
Nur der größte gehört, würdig, der eilfte, hinein.

Junge, allzujunge Mädchen

Was ich am meisten besorge: Bettina wird immer geschickter,
Immer beweglicher wird jegliches Gliedchen an ihr;
Endlich bringt sie das Züngelchen noch ins zierliche ...
Spielt mit dem artigen Selbst, achtet die Männer nicht viel.

Auszuspannen befiehlt der Vater die zierlichen Schenkel,
Kindisch der liebliche Teil ... den Teppich herab.
Ach, wer einst zuerst dich liebet, er findet die Blüte
Schon verschwunden, sie nahm frühe das Handwerk hinweg.

Noch eine der herrlichen römischen Elegien. Stellen Sie sich einmal plastisch vor, wie Goethe, dichtend im Bett, seine Hexameter auf den Rücken der schlafenden Schönen klopft.

Froh empfind ich mich nun auf klassischem Boden begeistert;
Vor- und Mitwelt spricht lauter und reizender mir.
Hier befolg ich den Rat, durchblättre die Werke der Alten
Mit geschäftiger Hand, täglich mit neuem Genuß.
Aber die Nächte hindurch hält Amor mich anders beschäftigt;
Werd ich auch halb nur gelehrt, bin ich doch doppelt beglückt.
Und belehr ich mich nicht, indem ich des lieblichen Busens
Formen spähe, die Hand leite die Hüften hinab?
Dann versteh ich den Marmor erst recht; ich denk und vergleiche,

Sehe mit fühlendem Aug, fühle mit sehender Hand.
Raubt die Liebste denn gleich mir einige Stunden des Tages,
Gibt sie Stunden der Nacht mir zur Entschädigung hin.
Wird doch nicht immer geküßt, es wird vernünftig gesprochen;
Überfällt sie der Schlaf, lieg ich und denke mir viel.
Oftmals hab ich auch schon in ihren Armen gedichtet
Und des Hexameters Maß leise mit fingernder Hand
Ihr auf den Rücken gezählt. Sie atmet in lieblichem Schlummer,
Und es durchglühet ihr Hauch mir bis ins Tiefste die Brust.
Amor schüret die Lamp indes und denket der Zeiten,
Da er den nämlichen Dienst seinen Triumvirn getan.

Resigniert

Die folgenden Worte legt Goethe Mephisto im zweiten Teil des Faust, also seinem Spätwerk, in den Mund, und mit „das Volk" sind hier die Lamien gemeint, antike, sehr häßliche Weiber.

Man weiß: das Volk taugt aus dem Grunde nichts,
Geschnürten Leibs, geschminkten Angesichts.
Nichts haben sie Gesundes zu erwidern,
Wo man sie anfaßt, morsch in allen Gliedern.
Man weiß, man siehts, man kann es greifen,
Und dennoch tanzt man, wenn die Luder pfeifen!

3

Der ketzerische Goethe

Respektlos

Seid doch nicht so frech, Epigramme! Warum nicht? Wir sind Überschriften; die Welt hat die Kapitel des Buchs.

In diesem Teil geht es um Themen, die meist mit einer gewissen Ehrfurcht behandelt werden: Staaten und Herrscher, Goethes eigenes Ministeramt, die Welt der Universitäten, das deutsche Nationalgefühl, die Kirche, aber auch den Teufel. Auch Goethes eigentümliches Verhältnis zum Aberglauben wird hier zur Sprache kommen.

Napoleon

Zunächst geht es um Napoleon. Goethe hat ihn geschätzt.

Niemand dienet einem andern aus freien Stücken; weiß er aber, daß er damit sich selbst dient, so tut er es gerne. Napoleon kannte die Menschen zu gut, und er wußte von ihren Schwächen den gehörigen Gebrauch zu machen.

Diesen Gebrauch wußte Napoleon auch von Goethes eigenen Schwächen, namentlich seiner Eitelkeit zu machen. Napoleon hatte die französische Übersetzung des Werther gelesen, ja sie sogar auf der Ägyptischen Expedition in seinem Gepäck mitgeführt, und er wollte Goethe gern kennenlernen. Wie diese Begegnung ablief, berichtet eine Anekdote:

Napoleon ließ Goethe zu sich bitten. Als Goethe kam, winkte Napoleon ihm einzutreten. Goethe blieb in einer Entfernung von Napoleon stehen, die er für angemessen hielt.

Der Kaiser betrachtete ihn aufmerksam von oben bis unten und sprach, nach einer langen Pause, die bedeutungsvollen Worte: „Vous êtes un homme!“, zu deutsch: „Sie sind ein Mann!“ Goethe verneigte sich geehrt.

Von dieser Begegnung berichtete Goethe hinterher,

... daß mich noch niemals ein Höherer dergestalt aufgenommen, indem er mit besonderem Zutrauen gegen mich, wenn ich mich des Ausdrucks bedienen darf, gleichsam gelten ließ und nicht undeutlich ausdrückte, daß mein Wesen ihm gemäß sei ...

Komplizierter geht es kaum noch. „... nicht undeutlich ausdrückte“ – In weniger bewegten, in weniger erhabenen Momenten hätte Goethe vielleicht geschrieben: „... deutlich zu verstehen gab ...“. Doch es geht noch weiter.

Napoleon, der den ganzen Kontinent erobert, findet es nicht unter sich, sich mit einem Deutschen über die Poesie und die tragische Kunst zu unterhalten, einen *artis peritum* zu konsultieren.

Artis peritum bedeutet soviel wie „einen in der Kunst erfahrenen“, also modern ausgedrückt, einen Fachmann.

Besonders aber faszinierte Goethe die Fähigkeit Napoleons, Menschen zu führen. Nicht ohne Grund sagte er einmal, sein Faust brachte ihn immer wieder darauf zurück, was er von Napoleon denke. Oder nehmen wir folgendes Zitat:

Und es wollte etwas heißen, daß einer aus dunkler Herkunft und in einer Zeit, die alle Kapazitäten in Bewegung setzte, sich so heraus machte, um in seinem siebenundzwanzigsten Jahr der Abgott einer Nation von dreißig Millionen zu sein.

Am nettesten verpackte Goethe seine Achtung vor dem energischen Korsen in dem folgenden Gedicht, das durchaus mißverständlich scheint.

Am Jüngsten Tag, vor Gottes Thron
Stand endlich Held Napoleon.
Der Teufel hielt ein großes Register
Gegen denselben und seine Geschwister,
War ein wundersam verruchtes Wesen;
Satan fing an, es abzulesen.

Gott Vater, oder Gott der Sohn,
Einer von beiden sprach vom Thron,
Wenn nicht etwa gar der Heilige Geist
Das Wort genommen allermeist:

„Wiederhols nicht vor göttlichen Ohren!
Du sprichst wie die deutschen Professoren.
Wir wissen alles, mach es kurz!
Am Jüngsten Tag ists nur ein....
Getraust du dich, ihn anzugreifen,
So magst du ihn nach der Hölle schleifen."

Bis zum jüngsten Tag mag Napoleon ruhig in der Hölle schmoren, wenn, ja wenn der Teufel sich traut, ihn anzufassen. Dann, am jüngsten Tag, verschwinden Napoleons Sünden vor dem Gewicht seiner Leistungen.

Keine Angst vor Königen

Das gekünstelte Verhalten bei Hof war Goethe stets ein Dorn im Auge. Und so läßt er seinen Mephisto in Auerbachs Keller zum Gaudium des angeheiterten Publikums folgendes Lied zum besten geben:

Es war einmal ein König,
Der hatt' einen großen Floh,
Den liebt' er gar nicht wenig,
Als wie seinen eignen Sohn.
Da rief er seinen Schneider,
Der Schneider kam heran:
Da, miß dem Junker Kleider
Und miß ihm Hosen an!

In Sammet und in Seide
War er nun angetan,
Hatte Bänder auf dem Kleide,
Hatt' auch ein Kreuz daran,
Und war sogleich Minister,
Und hatt' einen großen Stern.
Da wurden seine Geschwister
Bei Hof' auch große Herrn.

Und Herrn und Fraun am Hofe,
Die waren sehr geplagt,
Die Königin und die Zofe
Gestochen und genagt,
Und durften sie nicht knicken,
Und weg sie jucken nicht.
Wir knicken und ersticken
Doch gleich, wenn einer sticht.

Vorbild

Bereits in frühen Jahren lernte Goethe einen Mann kennen, der Adel der Geburt – es handelte sich um einen französischen Grafen – und des Charakters miteinander verband.

Dieser Graf war während der Besetzung Frankfurts durch die Franzosen im Zuge des Siebenjährigen Krieges im Hause Goethe einquartiert worden, und er amtshandelte hier auch. Ehrbezeigungen, die ihm nicht gebührten, waren ihm ein Graus, und damit hinterließ er beim jungen Goethe den denkbar besten Eindruck.

Folgende Episode vermittelt einen Eindruck vom Charakter dieses Herrn:

Ein vornehmer Mann, der aber auch unter die abstrusen einsamen Frankfurter gehörte, glaubte sich über seine Einquartierung beklagen zu müssen. Er kam persönlich, und der Dolmetsch bot ihm seine Dienste an; jener aber meinte derselben nicht zu bedürfen. Er trat vor den Grafen mit einer anständigen Verbeugung und sagte: „Exzellenz!" Der Graf gab ihm die Verbeugung zurück sowie die Exzellenz. Betroffen von dieser Ehrenbezeigung, nicht anders glaubend, als der Titel sei zu gering, bückte er sich tiefer und sagte: „Monseigneur!"

„Mein Herr", sagte der Graf ganz ernstlich „wir wollen nicht weitergehen, denn sonst könnten wir es leicht bis zur Majestät bringen." – Der andere war äußerst verlegen und wußte kein Wort zu sagen. Der Dolmetsch, in einiger Entfernung stehend und von der ganzen Sache unterrichtet, war boshaft genug, sich nicht zu rühren; der Graf aber, mit großer Heiterkeit, fuhr fort: „Zum Beispiel, mein Herr, wie heißen Sie?" – „Spangenberg", versetzte jener. – „Und ich", sagte der Graf, „heiße Thoranc. Spangenberg, was wollt Ihr von Thoranc? und nun setzen wir uns, die Sache soll gleich abgetan sein."

Und so wurde die Sache auch gleich zu großer Zufriedenheit desjenigen abgetan, den ich hier Spangenberg genannt habe.

Rousseau und Friedrich Eugen

Auch Goethe überliefert Anekdoten über andere. Hier geht es um ein köstliches Bonmot von Jean-Jacques Rousseau, dem Verfasser des Erziehungsromans „Emile ou de l'éducation", zu deutsch „Emile oder Über die Erziehung". Rousseau galt daraufhin als Fachmann für pädagogische Fragen. Seine eigenen Kinder wurden allerdings im Findelhaus groß – er war wohl eher ein theoretischer Pädagoge.

Herzog Friedrich Eugen von Württemberg … war unter denjenigen Großen genannt, die auf eine edle und selbständige Weise sich, die Ihrigen und das Ganze aufzuklären, zu bessern und zu höheren Zwecken zu vereinigen gedachten.

Dieser Fürst Friedrich Eugen ist es, welcher, um sich wegen der Kinderzucht Rats zu erholen, an Rousseau geschrieben hatte, dessen bekannte Antwort mit der bedenklichen Phrase anfängt: „Si j'avais le malheur d'être né prince …", zu deutsch, „Wenn mir das Unglück widerfahren wäre, als Prinz geboren zu sein …".

Regierungsform

Republiken hab ich gesehn, und das ist die beste,
die dem regierenden Teil Lasten, nicht Vorteil gewährt.

Minister Goethe

Von Goethes Zechtouren mit dem Herzog haben wir schon gehört. Goethe war indes nicht immer ganz freudigen Herzens dabei. Bisweilen tat es ihm leid um die vertrödelte Zeit.

Des Herzogs Gedärme richten sich noch nicht ein, er schont sich, und betrügt sich, und schont sich nicht, und so vertrödelt man das Leben und die schönen Tage.

Es mutet eigentümlich an, Goethe mit klassischen Ministeragenden befaßt zu sehen. Und doch gehörten sie zu seinem Alltag. Der folgende Briefausschnitt ist doppelt interessant: Zum einen schildert er, daß bestimmte Menschen zu einer sicheren Position beim Militär kommen wollen. Zum anderen sagt er etliches über das Verhältnis zum Herzog aus, an den er mühelos etwas delegieren kann.

Grüsen Sie den Herzog und sagen ihm dass ich ihn vorläufig bitte mit den Rekrouten säuberlich zu verfahren wenn sie zur Schule kommen. Kein sonderlich Vergnügen ist bey der Ausnehmung, da die Krüpels gerne dienten und die schönen Leute meist Ehehafften haben wollen.

Doch ist ein Trost, mein Flügelmann von allen (11 Zoll ,1 Strich) kommt mit Vergnügen und sein Vater giebt den Segen dazu.

Auch mit Verbrechern hatte Goethe zu tun. Allerdings hielten sich die Fälle zahlenmäßig in Grenzen, und Goethe macht sich nach Kräften über die Gerichtsbarkeit lustig:

Heut früh haben wir alle Mörder, Diebe und Hehler vorführen lassen und sie alle gefragt und konfrontirt. Ich wollte anfangs nicht mit, denn ich fliehe das Unreine – es ist ein gros Studium der Menschheit und der Phisiognomick, wo man gern die Hand auf den Mund legt und Gott die Ehre giebt, dem allein ist die Krafft und der Verstand pp.

in Ewigkeit Amen.

Ein Sohn, der sich selbst und seinen Vater des Mords mit allen Umständen beschuldigt. Ein Vater, der dem Sohn ins Gesicht alles wegläugnet. Ein Mann, der im Elende der Hungersnoth seine Frau neben sich in der Scheune sterben sieht, und weil sie niemand begraben will, sie selbst einscharren muss, dem dieser Jammer iezt noch aufgerechnet wird, als wenn er sie wohl könnte ermordet haben, weil andrer Anzeigen wegen er verdächtig ist. pp.

Die Abkürzung pp. heißt soviel wie etc. oder usw.

Universitäten

Vor kaum etwas hatte Goethe so wenig Respekt wie vor Universitäten und ihren Vertretern. Er begründet dies auch einmal sehr differenziert und nachvollziehbar. In diesem Brief an Herzog August schildert er spöttisch, aber in großartiger Wortgewalt, gegen welche Bevölkerungsgruppen in Leipzig er eine Abneigung verspürte – ein Text zum Vorlesen.

Lieber Herre, da bin ich nun, in Leipzig, ist mir sonderlich worden beym Nähern, davon mündlich mehr, und kann nicht genug sagen wie sich mein Erdgeruch und Erdgefühl gegen die schwarz, grau, steifröckigen, krummbeinigen, Perrückengeklebten, Degenschwänzlichen Magisters, gegen die Feyertags berockte, allmodische, schlanckliche, vieldünckliche Studenten Buben, gegen die zuckende, krinsende, schnäbelnde, und schwumelende Mägdlein, und gegen die hurenhaffte, strozzliche, schwänzliche und finzliche junge Mägde ausnimmt, welcher Greuel mir alle heut um die Thoren als an Marientags Tags Feste entgegnet sind. Dagegen preservirt mein äuseres und inneres der Engel die Schrödern von der mich Gott bewahre was zu sagen. Sie grüsst und Steinauer nach Maasgabe ihres Beyleyds über Hochdero Ausenbleiben und so weiter. Ich bin seit vier und zwanzig Stunden (: denn es ist netto Abends Achte :) nicht bey Sinnen, das heisst bey zu vielen Sinnen, über und unsinnlich. Habe die Nacht durch manches Knäulgen Gedancken Zwirn auf und abgewickelt, diesen Morgen stieg mir die göttliche Sonne hinter Naumburg auf. Ade lieber gnädiger Herr! – Und somit können Sie nie aufhören zu fühlen, dass ich Sie liebhabe. NB. Bleibe das wahre Detail zur Rückkunft schuldig, als da sind pp.

Menschen

Menschen sind es nun nicht, vor denen Goethe keinen Respekt hatte. Im Gegenteil. Doch zieht er über die Dummheit der Menchen her, über die Zensur, über Verhaltensweisen und vieles mehr. Am Anfang steht hier herbe Kritik an den drei Säulen der Gesellschaft: Kiche, Staatliche Instanzen und Bildungswesen.

Offenes Wort

Dich betrügt der Staatsmann, der Pfaffe, der Lehrer der Sitten,
Und dies Kleeblatt, wie tief betest du, Pöbel, es an.
Leider läßt sich noch kaum was Rechtes denken und sagen,
Das nicht grimmig den Staat, Götter und Sitten verletzt.

Das folgende Zitat ist aus dem Dialog Fausts mit dem schwarzen Pudel, als dessen Kern sich ein fahrender Scholast, sprich Mephisto entpuppt.

Ach! wenn in unsrer engen Zelle
Die Lampe freundlich wieder brennt,
Dann wirds in unserm Busen helle,
Im Herzen, das sich selber kennt.
Vernunft fängt wieder an zu sprechen,
Und Hoffnung wieder an zu blühn;
Man sehnt sich nach des Lebens Bächen,
Ach! nach des Lebens Quelle hin.

Knurre nicht, Pudel! Zu den heiligen Tönen,
Die jetzt meine ganze Seel umfassen,
Will der tierische Laut nicht passen.
Wir sind gewohnt, daß die Menschen verhöhnen,
Was sie nicht verstehn,
Daß sie vor dem Guten und Schönen,
Das ihnen oft beschwerlich ist, murren;
Will es der Hund wie sie beknurren?

Aufrichtigkeit und Tugend

Im folgenden ist von einem Land die Rede, das der Freund, dem die Ode gewidmet ist, verläßt. Gemeint ist damit Leipzig.

Goethes Freund Ernst Wolfgang Behrisch (1738-1809) war hier Hofmeister beim Grafen Lindenau, verlor die Stelle jedoch aufgrund übler Nachrede. Daraufhin verließ er Leipzig, und Goethe dichtete ihm drei Oden. Hier also die zweite davon.

Zweite Ode an meinen Freund

Du gehst! Ich murre.
Geh! Laß mich murren.
Ehrlicher Mann,
Fliehe dieses Land.

Tote Sümpfe,
Dampfende Oktobernebel
Verweben ihre Ausflüsse
Hier unzertrennlich.

Gebärort
Schädlicher Insekten,
Mörderhülle
Ihrer Bosheit.

Am schilfigten Ufer
Liegt die wollüstige,
Flammengezüngte Schlange,
Gestreichelt vom Sonnenstrahl.

Fliehe sanfte Nachtgänge
In der Mondendämmerung,
Dort halten zuckende Kröten
Zusammenkünfte auf Kreuzwegen.

Schaden sie nicht,
Werden sie schrecken.
Ehrlicher Mann,
Fliehe dieses Land!

Urteil der Massen

> *Bereits früh hatte Goethe den Kinderglauben an die großen Instanzen verloren – die Güte Gottes und „die Leute".*

... wie mir in meinem sechsten Jahre, nach dem Erdbeben von Lissabon, die Güte Gottes einigermaßen verdächtig geworden war, ...

> *Bei diesem Erdbeben wurden nicht nur große Teile Lissabons zerstört, es kamen auch unzählige Menschen ums Leben. Ganz Europa war damals erschüttert, und natürlich auch der Knabe Goethe in seinem Kinderglauben.*

... so fing ich nun, wegen Friedrichs des Zweiten, die Gerechtigkeit des Publikums zu bezweifeln an.

Mein Gemüt war von Natur zur Ehrerbietung geneigt, und es gehörte eine große Erschütterung dazu, um meinen Glauben an irgendein Ehrwürdiges wanken zu machen.

> *Die folgende Argumentation ist hinreißend. Mit dem Satz „was werden denn die Leute sagen" sind wohl noch die meisten von uns groß geworden – teils offen ausgesprochen, teils unterschwellig sind „die Leute" auch für uns noch ein Maßstab.*

Leider hatte man uns die guten Sitten, ein anständiges Betragen, nicht um ihrer selbst, sondern um der Leute willen anempfohlen; was die Leute sagen würden, hieß es immer, und ich dachte, die Leute müßten auch rechte Leute sein, würden auch alles und jedes zu schätzen wissen.

Nun aber erfuhr ich das Gegenteil. Die größten und augenfälligsten Verdienste wurden geschmäht und angefeindet, die höchsten Taten, wo nicht geleugnet, doch wenigstens entstellt und verkleinert; und ein so schnödes Unrecht geschah dem einzigen, offenbar über alle seine Zeitgenossen erhabnen Manne, der täglich bewies und dartat, was er vermöge; und dies nicht etwa vom Pöbel, sondern von vorzüglichen Männern, wofür ich doch meinen Großvater und meine Oheime zu halten hatte ... Bedenke ich es aber jetzt genauer, so finde ich hier den Keim der Nichtachtung, ja der Verachtung des Publikums, die mir eine ganze Zeit meines Lebens anhing und nur spät durch Einsicht und Bildung ins gleiche gebracht werden konnte.

Diese Verachtung für das Publikum kommt in dem folgenden Zweizeiler unverhohlen zum Ausdruck.

Was doch die größte Gesellschaft heut?
Es ist die Mittelmäßigkeit.

Doch Goethe kann es noch krasser:

Lasst euch mit dem Volk nur ein,
Popularischen! Entschied es,
Wellington und Aristides
Werden bald beiseite sein.

Wer nun jedoch meint, er könne Goethe zum Menschenverachter stempeln, der kennt ihn schlecht. Sofort zerstört er dieses Bild wieder und lehrt uns, genauer hinzusehen.

Menschenbild

Nimmst du die Menschen für schlecht, du kannst dich verrechnen, o Weltmann,
Schwärmer, wie bist du getäuscht, nimmst du die Menschen für gut.

Philister

Mit den Philistern ist das so eine Sache. Sie kommen in der Bibel vor, und keiner weiß so recht, was sie eigentlich zu so unangenehmen Zeitgenossen macht. Goethe macht es deutlich:

Der Philister negiert nicht nur andere Zustände, als der seinige ist, er will auch, daß alle übrigen Menschen auf seine Weise existieren sollen. Er geht zu Fuß und ist sein Leben lang zu Fuß gegangen. – Nun sieht er jemand in einem Wagen fahren. Was das für eine Narrheit ist, ruft er aus, zu fahren, sich dahin schleppen zu lassen von Pferden! Hat der Kerl nicht Beine! Wozu sind denn die Beine anders als zum Gehen? Wenn wir fahren sollten, würde uns Gott keine Beine gegeben haben! – Was ist es denn aber auch weiter! Wenn ich mich auf einen Stuhl setze und Räder unten anbringe und Pferde vorspanne, so kann ich auch fahren so gut wie jener. Das ist keine Kunst!

Man wird in philisterhaften Äußerungen immer finden, daß der Kerl immer zugleich seinen eignen Zustand ausspricht, indem er den fremden negiert, und daß er also den seinigen als allgemein sein sollend verlangt. Es ist der blindeste Egoismus, der von sich selbst nichts weiß, und nicht weiß, daß der der andern ebensoviel Recht hätte, den seinigen auszuschließen, als der seinige hat, den der andern.

Und Goethe schafft es noch kürzer.

Was ist ein Philister?
Ein hohler Darm,
Mit Furcht und Hoffnung ausgefüllt.
Daß Gott erbarm!

Merkwürdige Käuze

An der Grenze zum Philistertum stehen auch die beiden nachfolgend geschilderten Nelkenzüchter. Jeder dünkt sich dem andern haushoch überlegen – so daß am Ende Goethe um die verlockende Nachmittagsjause kommt, die der gastgebende Nelkenfreund für seine Besucher vorbereitet hatte.

Von gleichem, wenn nicht noch von höherem Alter als er war ein Herr von Malapart, ein reicher Mann, der ein sehr schönes Haus am Roßmarkt besaß und gute Einkünfte von Salmen zog. Auch er lebte sehr abgesondert; doch war er sommers viel in seinem Garten vor dem Bockenheimer Tore, wo er einen sehr schönen Nelkenflor wartete und pflegte.

Von Reineck war auch ein Nelkenfreund; die Zeit des Flors war da, und es geschahen einige Anregungen, ob man sich nicht wechselseitig besuchen wollte. Wir leiteten die Sache ein und trieben es so lange, bis endlich von Reinech sich entschloß, mit uns einen Sonntagnachmittag hinauszufahren. Die Begrüßung der beiden alten Herren war sehr lakonisch, ja bloß pantomimisch, und man ging mit wahrhaft diplomatischem Schritt an den langen Nelkengerüsten hin und her.

Der Flor war wirklich außerordentlich schön, und die besondern Formen und Farben der verschiedenen Blumen, die Vorzüge der einen vor der andern und ihre Seltenheit machten denn doch zuletzt eine Art von Gespräch aus, welches ganz freundlich zu werden schien; worüber wir andern uns um so mehr freuten, als wir in einer benachbarten Laube den kostbarsten alten Rheinwein in geschliffenen Flaschen, schönes Obst und andre gute Dinge aufgetischt sahen.

Leider aber sollten wir sie nicht genießen. Denn unglücklicherweise sah von Reineck eine sehr schöne Nelke vor sich, die aber den Kopf etwas nieder-senkte; er griff daher sehr zierlich mit dem Zeige- und Mittelfinger vom Stengel herauf gegen den Kelch und hob die Blume von hinten in die Höhe, so daß er sie wohl betrachten konnte. Aber auch diese zarte Berührung verdroß den Besitzer: von Malapart erinnerte, zwar höflich, aber doch steif genug und eher etwas selbstgefällig an das *oculis, non manibus.*

Diese Aufforderung, nur mit den Augen, nicht mit den Händen zu schauen, wie man sie gewöhnlich kleinen Kindern gegenüber aussprechen muß, verdroß natürlich den Fachmann, an den sie gerichtet war, und der schönste Streit bricht los.

Von Reineck hatte die Blume schon losgelassen, fing aber auf jenes Wort gleich Feuer und, sagte mit seiner gewöhnlichen Trockenheit und Ernst: es sei einem Kenner und Liebhaber wohl gemäß, eine Blume auf die Weise zu berühren und zu betrachten; worauf er denn jenen Gest wiederholte und sie noch einmal zwischen die Finger nahm. Die beiderseitigen Hausfreunde – denn auch von Malapart hatte einen bei sich – waren nun in der größten Verlegenheit. Sie ließen einen Hasen nach dem andern laufen (dies war unsre sprichwörtliche Redensart, wenn ein Gespräch sollte unterbrochen und auf einen andern Gegenstand gelenkt werden); allein es wollte nichts verfangen: die alten Herren waren ganz stumm geworden, und wir fürchteten jeden Augenblick, von Reineck möchte jenen Akt wiederholen; da wäre es denn um uns alle geschehn gewesen.

Nationalismus

Nach dem Wiener Kongreß wurde ein deutsches Nationalgefühl immer deutlicher spürbar. Schließlich war der Krieg gegen Napoleon als Befreiungskrieg geführt worden, und am Ende des Jahrhunderts stand ja tatsächlich die Gründung des

Bismarckreiches. Goethe als Minister eines kleinen Herzogtums hielt nichts davon. Interessant ist seine Begründung.

Zur Nation euch zu bilden, ihr hoffet es, Deutsche, vergebens;
Bildet, ihr könnt es, dafür freier zu Menschen euch aus.

Und noch eine Aussage zum deutschen Nationalstaatgedanken:

Deutschland? Aber wo liegt es? Ich weiß das Land nicht zu finden.
Wo das gelehrte beginnt, hört das politische auf.

Kirche

Daß Goethe bereits mit sechs Jahren seinen Glauben an die Güte Gottes verloren hatte, haben wir bereits gehört. Scheinbar läßt er daraufhin auf Religion und Kirche überhaupt nichts Gutes mehr kommen. Natürlich wird Goethe nicht ausfallend, nein. Er bedient sich eines Storches, um seine Ansicht zu äußern. Und weil er so nett ist, zitieren wir ihn hier zum zweiten Mal:

Der Beruf des Storchs

Der Storch, der sich von Frosch und Wurm
An unserm Teiche nähret,
Was nistet er auf dem Kirchenturm,
Wo er nicht hingehöret?
Dort klappt und klappert er genung,
Verdrießlich anzuhören;
Doch wagt es weder Alt noch Jung,
Ihm das Nest zu stören.

Wodurch – gesagt mit Reverenz –
Kann er sein Recht beweisen?
Als durch die löbliche Tendenz,
Aufs Kirchendach zu … ?

Religionen

Goethe trennt strikt zwischen Gottheit und Glauben einerseits und der Institution Kirche andererseits. Hier ist ein an Lessings Nathan erinnerndes Bekenntnis zur Toleranz:

Juden und Heiden hinaus! so duldet der christliche Schwärmer.
Christ und Heide verflucht! murmelt ein jüdischer Bart.
Mit den Christen an Spieß und mit den Juden ins Feuer!
Singet ein türkisches Kind Christen und Juden zum Spott.
Welcher ist der klügste? Entscheide! Aber sind diese
Narren in deinem Palast, Gottheit, so geh ich vorbei.

Die Kirchengeschichte geht nach Goethe an der wahren Kirche vorbei. Auf sie wettert er gleich zweimal und in größter Entschiedenheit:

Mit Kirchengeschichte was hab ich zu schaffen?
Ich sehe weiter nichts als Pfaffen;
Wie's um die Christen steht, die Gemeinen,
Davon will mir gar nichts erscheinen.

Ich hätt auch können Gemeinde sagen,
Ebensowenig wäre zu erfragen.

Glaubt nicht, daß ich fasele, daß ich dichte;
Seht hin und findet mir andre Gestalt!
Es ist die ganze Kirchengeschichte
Mischmasch von Irrtum und von Gewalt.

Etwas ganz anderes ist der Glaube. Er ist für Goethe eine sehr persönliche, fast individuelle Sache. Und bereits als Kind erlitt er jämmerlichen Schiffbruch, als er versuchte, seiner vagen Gottessehnsucht Ausdruck zu verleihen. Im folgenden Text ist „der Knabe" er selbst als Kind.

Der Knabe hatte sich überhaupt an den ersten Glaubensartikel gehalten. Der Gott, der mit der Natur in unmittelbarer Verbindung stehe, sie als sein Werk anerkenne und liebe, dieser schien ihm der eigentliche Gott, der ja wohl auch mit dem Menschen wie mit allem übrigen in ein genaueres Verhältnis treten könne und für denselben ebenso wie für die Bewegung der Sterne, für Tages-und Jahreszeiten, für Pflanzen und Tiere Sorge tragen werde. Einige Stellen des Evangeliums besagten dieses ausdrücklich.

Eine Gestalt konnte der Knabe diesem Wesen nicht verleihen; er suchte ihn also in seinen Werken auf und wollte ihm auf gut alttestamentliche Weise einen Altar errichten. Naturprodukte sollten die Welt im Gleichnis vorstellen, über diesen sollte eine Flamme brennen und das zu seinem Schöpfer sich aufsehnende Gemüt des Menschen bedeuten.

Nun wurden aus der vorhandnen und zufällig vermehrten Naturaliensammlung die besten Stufen und Exemplare herausgesucht; allein, wie solche zu schichten und aufzubauen sein möchten, das war nun die Schwierigkeit. Der Vater hatte einen schönen, rotlackierten, goldgeblümten Musikpult, in Gestalt einer vierseitigen Pyramide mit verschiedenen Abstufungen, den man zu Quartetten sehr bequem fand, ob er gleich in der letzten Zeit nur wenig gebraucht wurde. Dessen bemächtigte sich der Knabe und baute nun stufenweise die Abgeordneten der Natur übereinander, so daß es recht heiter und zugleich bedeutend genug aussah.

Altar und würdiger Schmuck sind nun vorhanden. Es fehlt noch am wichtigsten, am Opferfeuer, und am besten soll auch zugleich geräuchert werden.

Nun sollte bei einem frühen Sonnenaufgang die erste Gottesverehrung angestellt werden; nur war der junge Priester nicht mit sich einig, auf welche Weise er eine Flamme hervorbringen sollte, die doch auch zu gleicher Zeit einen guten Geruch von sich geben müsse. Endlich gelang ihm ein Einfall, beides zu verbinden, indem er Räucherkerzchen besaß, welche, wo nicht flammend, doch glimmend den angenehmsten Geruch verbreiteten. Ja dieses gelinde Verbrennen und Verdampfen schien noch mehr das, was im Gemüte vorgeht, auszudrücken als eine offene Flamme. Die Sonne war schon längst aufgegangen, aber Nachbarhäuser verdeckten den Osten. Endlich erschien sie über den Dächern; sogleich ward ein Brennglas zur Hand genommen und die in einer schönen Porzellanschale auf dem Gipfel stehenden Räucherkerzen angezündet. Alles gelang nach Wunsch, und die Andacht war vollkommen.

Soweit so gut. Und die Sache mit dem Brennglas ist auch nicht weiter unangenehm aufgefallen.

Der Altar blieb als eine besondre Zierde des Zimmers, das man ihm im neuen Hause eingeräumt hatte, stehen. Jedermann sah darin nur eine wohl aufgeputzte Naturaliensammlung; der Knabe hingegen wußte besser, was er verschwieg. Er sehnte sich nach der Wiederholung jener Feierlichkeit.

Doch nun passiert das Unglück, und Jung-Goethes religiöser Eifer erhält einen empfindlichen Dämpfer.

Unglücklicherweise war eben, als die gelegenste Sonne hervorstieg, die Porzellantasse nicht bei der Hand: er stellte die Räucherkerzchen unmittelbar auf die obere Fläche des Musikpultes; sie wurden angezündet, und die Andacht war so groß, daß der Priester nicht merkte, welchen Schaden sein Opfer anrichtete, als bis ihm nicht mehr abzuhelfen war. Die Kerzen hatten sich nämlich in den roten Lack und in die schönen goldnen Blumen auf eine schmähliche Weise eingebrannt und, gleich als wäre ein böser Geist verschwunden, ihre schwarzen, unauslöschlichen Fußtapfen zurückgelassen. Hierüber kam der junge Priester in die äußerste Verlegenheit. Zwar wußte er den Schaden durch die größesten Prachtstufen zu bedecken, allein der Mut zu neuen Opfern war ihm vergangen; und fast möchte man diesen Zufall als eine Andeutung und Warnung betrachten, wie gefährlich es überhaupt sei, sich Gott auf dergleichen Wegen nähern zu wollen.

Von einem ganz anderen, dem sarkastischen Geist des Spötters getragen sind die folgenden Bemerkungen Goethes zu Glaubensinhalten, die er für Aberglaube hält:

Offen steht das Grab! Welch herrlich Wunder! Der Herr
ist auferstanden! – Wer's glaubt! Schelmen, ihr trugt ihn ja weg.

Geradezu ketzerisch muten dagegen Goethes Verse in den Venezianischen Epigrammen an, in denen er Jesus direkt anspricht und sich bei ihm über die Koppelung von Sexualität und Sünde beklagt.

Sauber hast du dein Volk erlöst durch Wunder und Leiden,
Nazarener! Wohin soll es, dein Häufchen, wohin?
Leben sollen sie doch und Kinder zeugen doch christlich,
Leider dem früheren Reiz dienet die schädliche Hand.
Will der Jüngling dem Übel entgehn, sich selbst nicht verderben
Bringet Lais ihm nur brennende Qualen für Lust.
Komm noch einmal herab, du Gott der Schöpfung, und leide,
Komm, erlöse dein Volk von dem gedoppelten Weh!
Tu ein Wunder und reinge die Quellen der Freud und des Lebens
Paulus will ich dir sein, Stephanus, wie dus gebeutst.

Kein Wunder, daß Goethes Faust auf die Gretchenfrage:

Nun sag: wie hast du's mit der Religion?
Du bist ein herzlich guter Mann,
Allein ich glaub, du hältst nicht viel davon.

keine Antwort geben kann, die das tiefreligiöse Gretchen zufriedenstellen könnte.

Weiteres Gespött gießt Goethe auf die Pfarrer hernieder.

Höllengespenster seid ihr und keine Christen, ihr Schreier,
Die ihr den lieblichen Schlaf mir von den Augen verscheucht.
Warum macht der Pfaffe so viele tausend Gebärden
Und verscheuchet euch nicht wieder zur Hölle zurück?

Wundern kann es mich nicht, daß unser Herr Christus mit ...
Gern und mit Sündern gelebt, gehts mir doch eben auch so.

Auch der Theologe Johann Kaspar Lavater, der mit seinen „Physiognomischen Fragmenten zur Beförderung der Menschenkenntnis und Menschenliebe“ damals alle Gemüter bewegte, wird von Goethe wegen seines Glaubens verspottet:

In ein Puppenspiel hatt ich mich Knabe verliebet,
Lange zog es mich an, bis ich es endlich zerschlug
So griff Lavater jung nach der gekreuzigten Puppe.
Herz' er betrogen sie noch, wenn ihm der Atem entgeht!

Sein eigenes Wettern nimmt Goethe aber nicht zu ernst und meint es wohl auch nicht böse. Eines der ketzerischen Epigramme beginnt mit dem Vorwurf eines Kritikers wegen Goethes stichelnder Bemerkungen. Goethe wäre nicht Goethe, wenn er seine beruhigende Antwort nicht noch mit einer Spitze versehen hätte:

„Warum willst du den Christen des Glaubens selige Wonne
Grausam rauben?“ – Nicht ich, niemand vermag es zu tun.
Steht doch deutlich geschrieben: die Heiden toben vergeblich.
Seht, ich erfülle die Schrift, lest und erbaut euch an mir.

Der Teufel

Das Verblüffende an Goethes Faust ist eigentlich das Vorspiel im Himmel. Mephisto ist ganz selbstverständlich dort und nicht in finstere Höllen verbannt, und es herrscht eine grundsätzlich freundschaftliche Atmosphäre.

Mephisto raisonniert sein bekanntes:

Von Zeit zu Zeit seh ich den Alten gern
und hüte mich, mit ihm zu brechen.
Es ist gar nett von einem hohen Herrn,
so menschlich mit dem Teufel selbst zu sprechen ...

und der Herr revanchiert sich mit einem tiefsinnigen:

Ich habe deinesgleichen nie gehaßt.
Von allen Geistern, die verneinen,
Ist mir der Schalk am wenigsten zur Last.
Des Menschen Tätigkeit kann allzu leicht erschlaffen,
Er liebt sich bald die unbedingte Ruh;
Drum geb ich gern ihm den Gesellen zu,
Der reizt und wirkt und muß, als Teufel, schaffen.

Magie

Als Goethes Faust vom Osterspaziergang zurückkommt, hat er bekanntlich einen schwarzen Pudel bei sich, der ihm zugelaufen ist. Dieser wird auffallend unruhig, als Faust in seiner Gegenwart ausgerechnet die Bibel übersetzen will. Und nun zeigt sich, wieviel Goethe von Magie versteht.

Soll ich mit dir das Zimmer teilen,
Pudel, so laß das Heulen,
So laß das Bellen!
Solch einen störenden Gesellen
Mag ich nicht in der Nähe leiden.

Einer von uns beiden
Muß die Zelle meiden.
Ungern heb ich das Gastrecht auf,
Die Tür ist offen, hast freien Lauf.

Genau das ist nicht möglich, wie sich später herausstellt, denn da ist ja das Pentagramm auf seiner Schwelle. Mephisto steht jetzt jedenfalls unter Druck und wird aktiv.

Aber was muß ich sehen!
Kann das natürlich geschehen?
Ist es Schatten? ists Wirklichkeit?
Wie wird mein Pudel lang und breit!
Er hebt sich mit Gewalt,
Das ist nicht eines Hundes Gestalt!
Welch ein Gespenst bracht ich ins Haus!
Schon sieht er wie ein Nilpferd aus,
Mit feurigen Augen, schrecklichem Gebiß.

Das monsterhafte Aussehen seines unheimlichen Pudels kann Faust jedoch nicht nachhaltig erschrecken. Auf solche Fälle ist er vorbereitet.

O, du bist mir gewiß!
Für solche halbe Höllenbrut
Ist Salomonis Schlüssel gut.

Salomonis Schlüssel, das ist die Clavicula Salomonis, ein in lateinischer Sprache abgefaßtes Planetenbuch, das unter anderem Formeln zur Beschwörung von Geistern enthält. Und diese wendet Faust jetzt an.

Erst, zu begegnen dem Tiere
Brauch ich den Spruch der Viere.
Salamander soll glühen,
Undene sich winden,

Sylphe verschwinden,
Kobold sich mühen.

Und siegessicher klopft sich Faust zwischendurch auf die Schulter. Er kennt sich schließlich aus:

Wer sie nicht kennte,
Die Elemente,
Ihre Kraft
Und Eigenschaft,
Wäre kein Meister
Über die Geister.

Verschwind in Flammen,
Salamander!
Rauschend fließe zusammen,
Undene!
Leucht in Meteorenschöne,
Sylphe!
Bring häusliche Hülfc,
Incubus! incubus!
Tritt hervor und mache den Schluß!

Verblüffung! Es tut sich nichts. – Doch Faust ist um einen Ausweg nicht verlegen. Und greift zu stärkeren Waffen.

Keines der Viere
Steckt in dem Tiere.
Es liegt ganz ruhig und grinst mich an;
Ich hab ihm noch nicht weh getan.

Du sollst mich hören
Stärker beschwören.
Bist du Geselle
Ein Flüchtling der Hölle?
So sieh dies Zeichen,

Dem sie sich beugen,
Die schwarzen Scharen!

Und diesmal hat er das Richtige erwischt – ein Kruzifix.

Schon schwillt es auf mit borstigen Haaren.

Verworfnes Wesen!
Kannst du ihn lesen?
Den nie Entsproßnen,
Unausgesprochnen,
Durch alle Himmel Gegoßnen,
Freventlich Durchstochnen?

Hinter den Ofen gebannt,
Schwillt es wie ein Elefant,
Den ganzen Raum füllt es an,
Es will zum Nebel zerfließen.
Steige nicht zur Decke hinan!
Lege dich zu des Meisters Füßen!

Jetzt heißt es aber auf der Hut sein, damit es Faust nicht geht wie dem Zauberlehrling, der bekennen muß:

Die ich rief, die Geister, werd ich nun nicht los.

Faust greift also gleich zu Drohungen, um ja nicht die Oberherrschaft über seinen merkwürdigen Pudel beziehungsweise dessen Kern zu verlieren:

Du siehst, daß ich nicht vergebens drohe.
Ich versenge dich mit heiliger Lohe!
Erwarte nicht
Das dreimal glühende Licht!
Erwarte nicht
Die stärkste von meinen Künsten!

Und tatsächlich: Dieser Gefahr will sich Mephisto lieber nicht aussetzen. Er läßt das Versteckspiel bleiben und nimmt eine Gestalt an, in der er leicht mit Faust kommunizieren kann: die eines fahrenden Scholasten. Faust ist verblüfft und gibt das auch unumwunden zu:

Das also war des Pudels Kern!
Ein fahrender Skolast? Der Casus macht mich lachen.

Damit ist dieses erste magische Experiment sauber bestanden. Bald darauf stellt sich heraus, daß Faustens Studierzimmer sehr gut vor bösen Geistern geschützt ist. Mephisto kann es nämlich nicht ohne weiteres wieder verlassen.

MEPHISTOPHELES:
Wir wollen wirklich uns besinnen,
Die nächsten Male mehr davon!
Dürft ich wohl diesmal mich entfernen?
FAUST:
Ich sehe nicht, warum du fragst.
Ich habe jetzt dich kennen lernen,
Besuche nun mich, wie du magst.
Hier ist das Fenster, hier die Türe,
Ein Rauchfang ist dir auch gewiß.
MEPHISTOPHELES:
Gesteh ichs nur! Daß ich hinausspaziere,
Verbietet mir ein kleines Hindernis:
Der Drudenfuß auf Eurer Schwelle –
FAUST:
Das Pentagramma macht dir Pein?
Ei sage mir, du Sohn der Hölle:
Wenn das dich bannt, wie kamst du denn herein?
Wie ward ein solcher Geist betrogen?
MEPHISTOPHELES:
Beschaut es recht! es ist nicht gut gezogen:
Der eine Winkel, der nach außen zu,

Ist, wie du siehst, ein wenig offen.
FAUST:
Das hat der Zufall gut getroffen!
Und mein Gefangner wärst denn du?
Das ist von ungefähr gelungen!

Mephisto aber sitzt fürs erste in der Klemme, denn für ihn stellt sich die Situation tatsächlich so dar:

Der Pudel merkte nichts, als er hereingesprungen
Die Sache sieht jetzt anders aus:
Der Teufel kann nicht aus dem Haus.

Nun wäre er nicht der Mephisto, fiele ihm dazu nicht eine Lösung ein. Zuerst schickt er Faust mit Hilfe einiger Geister in den Schlaf, und dann holt er sich Unterstützung der praktischen Art.

Doch dieser Schwelle Zauber zu zerspalten,
Bedarf ich eines Rattenzahns.
Nicht lange brauch ich zu beschwören:
Schon raschelt eine hier und wird sogleich mich hören.

Der Herr der Ratten und der Mäuse,
Der Fliegen, Frösche, Wanzen, Läuse,
Befiehlt dir, dich hervorzuwagen
Und diese Schwelle zu benagen,
So wie er sie mit Öl betupft
– Da kommst du schon hervorgehupft!
Nur frisch ans Werk! Die Spitze, die mich bannte,
Sie sitzt ganz vornen an der Kante.
Noch einen Biß, so ists geschehn. –
Nun, Fauste, träume fort, bis wir uns wiedersehn!

Da staunt selbst der Teufel

Die Vorgeschichte der folgenden Szenen ist rasch erzählt. Faust fällt in Schlaf, und der soeben fertig gestellte Homunculus liest seinen Traum: Faust träumt von der klassischen Walpurgisnacht. Und dort ziehen sie nun miteinander hin.

Für Mephisto, der ja nun, was Hexen und Höllengeister betrifft, nicht gerade unbeleckt ist, ist dies eine völlig neue Welt, in der er denn aus dem Staunen so manches Mal nicht mehr herauskommt. Zunächst sieht er sich einmal um.

Und wie ich diese Feuerchen durchschweife,
So find ich mich doch ganz und gar entfremdet:
Fast alles nackt, nur hie und da behemdet,
Die Sphinxe schamlos, unverschämt die Greife,
Und was nicht alles, lockig und beflügelt,
Von vorn und hinten sich im Auge spiegelt -
Zwar sind auch wir von Herzen unanständig,
Doch das Antike find ich zu lebendig;

Wer den Faust-Film mit Gustav Gründgens kennt, mag sich vorstellen, wie sich Gründgens in der Rolle des Mephisto angesichts der barbusigen Sphinxen regelrecht schüttelt. Ihm ist zu Hause wohler, wo alles seine Ordnung hat.

Die nordischen Hexen wußt ich wohl zu meistern,
Mir wirds nicht just mit diesen fremden Geistern.
Der Blocksberg bleibt ein gar bequem Lokal:
Wo man auch sei, man findet sich zumal.
Frau Ilse wacht für uns auf ihrem Stein,
Auf seiner Höh wird Heinrich munter sein,
Die Schnarcher schnauzen zwar das Elend an,
Doch alles ist für tausend Jahr getan.

Wer weiß denn hier nur, wo er geht und steht,
Ob unter ihm sich nicht der Boden bläht? –
Ich wandle lustig durch ein glattes Tal,
Und hinter mir erhebt sich auf einmal
Ein Berg, zwar kaum ein Berg zu nennen,
Von meinen Sphinxen mich jedoch zu trennen,
Schon hoch genug …

Angesichts dieser beunruhigenden Situation – dem Teufel wird im wahrsten Sinne des Wortes der Boden zu heiß unter den Füßen – ruft Mephisto sich selbst energisch zur Ordnung und besinnt sich erst einmal auf sein eigenes Geschäft. Dabei kehrt auch sein Mut langsam wieder zurück.

Nur zu! und laß dich ins Gewebe
Der Zweifelei nicht törig ein;
Denn wenn es keine Hexen gäbe,
Wer Teufel möchte Teufel sein!

Und Mut benötigt er auch, hat er es doch hier mit besonders scheußlichen Wesen zu tun: Die Lamien sind sprichwörtlich häßliche, blutsaugende Weiber, die ihre eigenen Kinder verschlungen haben sollen. Die folgende Regieanweisung „anmutigst" ist nicht ohne eine gehörige Portion Ironie zu sehen.

LAMIEN anmutigst: Kreisen wir um diesen Helden,
Liebe wird in seinem Herzen
Sich gewiß für Eine melden.

Mephisto möchte gerne höflich sein, und natürlich fällt dem gerissenen alten Fuchs eine galante Antwort ein:

Zwar bei ungewissem Schimmer
Scheint ihr hübsche Frauenzimmer,
Und so möcht ich euch nicht schelten.

Nun kommt noch ein Wesen dazwischen, das den Lamien ihren Spaß verdirbt. Sie deklariert sich als Muhme des Teufels:

EMPUSE zu Mephistopheles:
Begrüßt von Mühmichen Empuse,
Der Trauten mit dem Eselsfuße!
Du hast nur einen Pferdefuß,
Und doch, Herr Vetter, schönsten Gruß!

Und nun kommt eine Bemerkung, die fast schon die Urlauberströme des 20. Jahrhunderts vorwegnimmt:

MEPIHSTOPHELES.
Hier dacht ich lauter Unbekannte
Und finde leider Nahverwandte;
Es ist ein altes Buch zu blättern:
Vom Harz bis Hellas immer Vettern!

Mephisto entwindet sich diesen Schönheiten und will wieder zu seinen Sphingen zurück. Doch er ist nun wirklich auf dem besten Weg, sich zu verlaufen. Wo vorher noch ein flacher Weg war, ist nun der neue Berg entstanden. Diese Geschichte ist wohl eine Anspielung Goethes auf den Monte Nuovo bei den Phlegräischen Feldern westlich von Neapel. Er bildete sich im 17. Jahrhundert tatsächlich als Folge eines Vulkanausbruchs innerhalb von drei Tagen.

Und jetzt steht mir Geröll entgegen.
Vergebens klettr ich auf und nieder, –
Wo find ich meine Sphinxe wieder?
So toll hätt ich mirs nicht gedacht:
Ein solch Gebirg in Einer Nacht!
Das heiß ich frischen Hexenritt:
Die bringen ihren Blocksberg mit.

Aberglaube

Hat sich Goethe im Faust sehr wohl als Kenner der Magie erwiesen, so erweist sich andererseits: Goethe ist nicht abergläubisch. Er geht den Dingen vielmehr auf den Grund und erweist sich darin als Kind seiner aufgeklärten Zeit.

Luther und der Teufel

Von Martin Luther wird ja erzählt, daß er sein Tintenfaß nach dem Teufel geworfen habe, der ihm auf der Wartburg erschienen sei. Goethe kritisiert, wie oft Luther vom Teufel spricht, ohne ihm deswegen jedoch seine sonstigen Verdienste abzusprechen.

Die Schriften Luthers enthalten, wenn man will, viel mehr Aberglauben als die unsers englischen Mönchs (gemeint ist Roger Bacon). Wie bequem macht sichs nicht Luther durch seinen Teufel, den er überall bei der Hand hat, die wichtigsten Phänomene der allgemeinen und besonders der menschlichen Natur auf eine oberflächliche und barbarische Weise zu erklären und zu beseitigen; und doch ist und bleibt er, der er war, außerordentlich für seine und für künftige Zeiten. Bei ihm kam es auf Tat an; er fühlte den Konflikt, in dem er sich befand, nur allzu lästig, und indem er sich das ihm Widerstrebende recht häßlich, mit Hörnern, Schwanz und Klauen dachte, so wurde sein heroisches Gemüt nur desto lebhafter aufgeregt, dem Feindseligen zu begegnen und das Gehaßte zu vertilgen.

Großvater kann weissagen

Goethes Großvater konnte aus Träumen die Zukunft vorhersagen. Dadurch wurde er den Kindern gedoch nicht unheimlich, sondern sie bestaunten ihn ehrfürchtig. Das Ausmaß dieser Fähigkeit haben die Kinder allerdings wohl hinaufgespielt.

Was jedoch die Ehrfurcht, die wir für diesen würdigen Greis empfanden, bis zum höchsten steigerte, war die Überzeugung, daß derselbe die Gabe der Weissagung besitze, besonders in Dingen, die ihn selbst und sein Schicksal betrafen. Zwar ließ er sich gegen niemand als gegen die Großmutter entschieden und umständlich heraus; aber wir alle wußten doch, daß er durch bedeutende Träume von dem, was sich ereignen sollte, unterrichtet werde.

So versicherte er z. B. seiner Gattin, zur Zeit, als er noch unter die jüngern Ratsherren gehörte, daß er bei der nächsten Vakanz auf der Schöffenbank zu der erledigten Stelle gelangen würde. Und als wirklich bald darauf einer der Schöffen vom Schlage gerührt starb, verordnete er am Tage der Wahl und Kugelung, daß zu Hause im stillen alles zum Empfang der Gäste und Gratulanten solle eingerichtet werden, und die entscheidende goldne Kugel ward wirklich für ihn gezogen.

Den einfachen Traum, der ihn hievon belehrt, vertraute er seiner Gattin folgendermaßen: Er habe sich in voller gewöhnlicher Ratsversammlung gesehen, wo alles nach hergebrachter Weise vorgegangen. Auf einmal habe sich der nun verstorbene Schöff von seinem Sitz erhoben, sei herabgestiegen und habe ihm auf eine verbindliche Weise das Kompliment gemacht: er möge den verlassenen

Platz einnehmen, und sei darauf zur Türe hinausgegangen. Etwas Ahnliches begegnete, als der Schultheiß mit Tode abging.

Wie man mit Geistern und Gespenstern umgehen mußte, war für Goethe völlig klar: Man mußte ihnen auf den Grund gehen. Das Zigeunerlied ist ein Beispiel, in dem er das auch tatsächlich macht:

Zigeunerlied

Im Nebelgeriesel, im tiefen Schnee,
Im wilden Wald, in der Winternacht,
Ich hörte der Wölfe Hungergeheul,
Ich hörte der Eulen Geschrei.
Wille wau wau wau!
Wille wo wo wo!
Wito hu!

Ich schoß einmal eine Katz am Zaun,
Der Anne, der Hex, ihre schwarze liebe Katz.
Da kamen des Nachts sieben Werwölf zu mir,
Waren sieben sieben Weiber vom Dorf.
Wille wau wau wau!
Wille wo wo wo!
Wito hu!

Ich kannte sie all, ich kannte sie wohl,
Die Annc, die Ursel, die Käth,
Die Liese, die Barbe, die Ev, die Beth,
Sie heulten im Kreise mich an.
Wille wau wau wau!
Wille wo wo wo!
Wito hu!

Da nannt ich sie alle bei Namen laut:
Was willst du, Anne? was willst du, Beth?

Da rüttelten sie sich, da schüttelten sie sich,
Und liefen und heulten davon.
Wille wau wau wau!
Wille wo wo wo!
Wito hu!

Heute Rot, Morgen tot

Die folgende Geschichte ist Goethe passiert, als er, selbst noch ein Schüler, im Theater saß und ein Gastspiel eines sehr jungen Tänzers besuchte. Alle klatschten eifrig Beifall, und Goethe meinte zu seinem Begleiter:

Wie schön war dieser Knabe geputzt, und wie gut nahm er sich aus; wer weiß, in was für einem zerrissenen Jäckchen er heute nacht schlafen mag! – Alles war schon aufgestanden, nur ließ uns die Menge noch nicht vorwärts. Eine Frau, die neben mir gesessen hatte und nun hart an mir stand, war zufälligerweise die Mutter dieses jungen Künstlers, die sich durch meine Reflexion sehr beleidigt fühlte. Zu meinem Unglück konnte sie Deutsch genug, um mich verstanden zu haben, und sprach es gerade so viel, als nötig war, um schelten zu können. Sie machte mich gewaltig herunter: wer ich denn sei, meinte sie, daß ich Ursache hätte, an der Familie und an der Wohlhabenheit dieses jungen Menschen zu zweifeln. Auf alle Fälle dürfe sie ihn für so gut halten als mich, und seine Talente könnten ihm wohl ein Glück bereiten, wovon ich mir nicht würde träumen lassen. Diese Strafpredigt hielt sie mir im Gedränge und machte die Umstehenden aufmerksam, welche wunder dachten, was ich für eine Unart müßte begangen haben.

Als wäre das nicht peinlich genug, macht Goethe mit einer knappen Bemerkung nur alles noch schlimmer:

Da ich mich weder entschuldigen noch von ihr entfernen konnte, so war ich wirklich verlegen, und als sie einen Augenblick innehielt, sagte ich, ohne etwas dabei zu denken: Nun, wozu der Lärm? heute rot, morgen tot! – Auf diese Worte schien die Frau zu verstummen. Sie sah mich an und entfernte sich von mir, sobald es nur einigermaßen möglich war.

Indem er diesen Aberglauben beim Namen nannte, aktivierte er ihn erst, zumindest in den Augen der Mutter. Und die war zweifellos abergläubisch. Goehte war es nicht, wie seine Reaktion auf die folgenden Ereignisse zeigt.

Ich dachte nicht weiter an meine Worte. Nur einige Zeit hernach fielen sie mir auf, als der Knabe, anstatt sich nochmals sehen zu lassen, krank ward, und zwar sehr gefährlich. Ob er gestorben ist, weiß ich nicht zu sagen.

In der folgenden Geschichte geht es ebenfalls um Aberglauben.

Die Geschichte vom rätselhaften Klopfen und vom knackenden Schreibtisch

Bei einem wackern Edelmann, meinem Freunde, der ein altes Schloß mit einer starken Familie bewohnte, war eine Waise erzogen worden, die, als sie herangewachsen und vierzehn Jahr alt war, meist um die Dame vom Hause sich beschäftigte und die nächsten Dienste ihrer Person verrichtete. Man war mit ihr wohl zufrieden, und sie schien nichts weiter zu wünschen, als durch Aufmerksamkeit und Treue ihren Wohltätern dankbar zu sein. Sie war wohlgebildet, und es fanden sich einige Freier um sie ein. Man glaubte nicht, daß eine dieser Verbindungen zu ihrem Glück gereichen würde, und sie zeigte auch nicht das mindeste Verlangen, ihren Zustand zu ändern.

Auf einmal begab sich's, daß man, wenn das Mädchen in dem Hause Geschäfte halber herumging, unter ihr, hier und da, pochen hörte. Anfangs schien es zufällig, aber da das Klopfen nicht aufhörte und beinahe jeden ihrer Schritte bezeichnete, ward sie ängstlich und traute sich kaum aus dem Zimmer der gnädigen Frau herauszugehen, als in welchem sie allein Ruhe hatte.

Dieses Pochen ward von jedermann vernommen, der mit ihr ging oder nicht weit von ihr stand. Anfangs scherzte man darüber, endlich aber fing die Sache an unangenehm zu werden. Der Herr vom Hause, der von einem lebhaften Geist war, untersuchte nun selbst die Umstände. Man hörte das Pochen nicht eher, als bis das Mädchen ging, und nicht sowohl indem sie den Fuß aufsetzte, als indem sie ihn zum Weiterschreiten aufhob. Doch fielen die Schläge manchmal unregelmäßig, und besonders waren sie sehr stark, wenn sie quer über einen großen Saal den Weg nahm.

Der Hausvater hatte eines Tages Handwerksleute in der Nähe und ließ, da das Pochen am heftigsten war, gleich hinter ihr einige Dielen aufreißen. Es fand sich nichts, außer daß bei dieser Gelegenheit ein paar große Ratten zum Vorschein kamen, deren Jagd viel Lärm im Hause verursachte.

Entrüstet über diese Begebenheit und Verwirrung griff der Hausherr zu einem strengen Mittel, nahm seine größte Hetzpeitsche von der Wand und schwur, daß er das Mädchen bis auf den Tod prügeln wolle, wenn sich noch ein einzigmal das Pochen hören ließe. Von der Zeit an ging sie ohne Anfechtung im ganzen Hause herum, und man vernahm von dem Pochen nichts weiter.

Woraus man denn deutlich sieht, fiel Luise ein, daß das schöne Kind sein eignes Gespenst war, und aus irgend einer Ursache sich diesen Spaß gemacht und seine Herrschaft zum besten gehabt hatte.

Keineswegen, versetzte Fritz: denn diejenigen, welche diese Wirkung einem Geiste zuschrieben, glaubten, ein Schutzgeist wolle zwar das Mädchen aus dem Hause haben, aber ihr doch kein Leids zufügen lassen. Andere nahmen es näher und hielten dafür, daß einer ihrer Liebhaber die Wissenschaft oder das Geschick gehabt habe, diese Töne zu erregen, um das Mädchen aus dem Hause in seine Arme zu nötigen. Dem sei wie ihm wolle, das gute Kind zehrte sich über diesen Vorfall beinah völlig ab, und schien einem traurigen Geiste gleich, da sie vorher frisch, munter und die Heiterste im ganzen Hause gewesen. Aber auch eine solche körperliche Abnahme läßt sich auf mehr als eine Weise deuten.

Es ist schade, versetzte Karl, daß man solche Vorfälle nicht genau untersucht, und daß man bei Beurteilung der Begebenheiten, die uns so sehr interessieren, immer zwischen verschiedenen Wahrscheinlichkeiten schwanken muß, weil die Umstände, unter welchen solche Wunder geschehen, nicht alle bemerkt sind.

Wenn es nur nicht überhaupt so schwer wäre zu untersuchen, sagte der Alte, und in dem Augenblicke, wo etwas dergleichen begegnet, die Punkte und Momente alle gegenwärtig zu haben, worauf es eigentlich ankommt, damit man nichts entwischen lasse, worin Betrug und Irrtum sich verstecken könne. Vermag man denn einem Taschenspieler so leicht auf die Sprünge zu kommen, von dem wir doch wissen, daß er uns zum besten hat?

Kaum hatte er ausgeredet, als in der Ecke des Zimmers auf einmal ein sehr starker Knall sich hören ließ. Alle fuhren auf, und Karl sagte scherzend: Es wird sich doch kein sterbender Liebhaber hören lassen?

Er hätte gewünscht seine Worte wieder zurück zu nehmen, denn Luise ward bleich und gestand, daß sie für das Leben ihres Bräutigams zittere.

Fritz, um sie zu zerstreuen, nahm das Licht und ging nach dem Schreibtische, der in der Ecke stand. Die gewölbte Decke desselben war quer völlig durchgerissen; man hatte also die Ursache des Klanges; aber demungeachtet fiel es ihnen auf, daß dieser Schreibtisch von Röntgens bester Arbeit, der schon mehrere Jahre an demselben Platze stand, in diesem Augenblicke zufällig gerissen sein sollte. Man hatte ihn oft als Muster einer vortrefflichen und dauerhaften Tischlerarbeit gerühmt und vorgezeigt, und nun sollte er auf einmal reißen, ohne daß in der Luft die mindeste Veränderung zu spüren war.

Geschwind, sagte Karl, laßt uns zuerst diesen Umstand berichtigen und nach dem Barometer sehen.

Das Quecksilber hatte seinen Stand vollkommen, wie seit einigen Tagen; das Thermometer selbst war nicht mehr gefallen, als die Veränderung von Tag auf Nacht natürlich mit sich brachte.

Schade, daß wir nicht einen Hygrometer bei der Hand haben, rief er aus: gerade das Instrument wäre das nötigste!

Es scheint, sagte der Alte, daß uns immer die nötigsten Instrumente abgehen, wenn wir Versuche auf Geister anstellen wollen.

Sie wurden in ihren Betrachtungen durch einen Bedienten unterbrochen, der mit Hast hereinkam und meldete, daß man ein starkes Feuer am Himmel sehe, jedoch nicht wisse, ob es in der Stadt oder in der Gegend sei.

Da man durch das Vorhergehende schon empfänglicher für den Schrecken geworden war, so wurden alle mehr, als es vielleicht sonst geschehen sein würde, von der Nachricht betroffen. Fritz eilte auf das Belvedere des Hauses, wo auf einer großen horizontalen Scheibe die Karte des Landes ausführlich gezeichnet war, durch deren Hülfe man auch bei Nacht die verschiedenen Lagen der Orte ziemlich genau bestimmen konnte. Die andern blieben, nicht ohne Sorgen und Bewegung, beieinander.

Fritz kam zurück und sagte: Ich bringe keine gute Nachricht.

Denn höchst wahrscheinlich ist der Brand nicht in der Stadt, sondern auf dem Gute unserer Tante. Ich kenne die Richtung sehr genau und fürchte, mich nicht zu irren. Man bedauerte die schönen Gebäude und überrechnete den Verlust. Indessen, sagte Fritz, ist mir ein wunderlicher Gedanke eingekommen, der uns wenigstens über das sonderbare Anzeichen des Schreibtisches beruhigen kann. Vor allen Dingen wollen wir die Minute berichtigen, in der wir den Klang gehört haben. Sie rechneten zurück, und es konnte etwa halb zwölfe gewesen sein.

Nun, ihr mögt lachen oder nicht, fuhr Fritz fort, will ich euch meine Mutmaßung erzählen. Ihr wißt, daß unsre Mutter schon vor mehreren Jahren einen ähnlichen, ja man möchte sagen einen gleichen Schreibtisch an unsre Tante geschenkt hat. Beide waren zu einer Zeit, aus einem Holze, mit der größten Sorgfalt von einem Meister verfertigt; beide haben sich bisher trefflich gehalten, und ich wollte wetten, daß in diesem Augenblicke mit dem Lusthause unsrer Tante der zweite Schreibtisch verbrennt, und daß sein Zwillingsbruder auch davon leidet. Ich will mich morgen selbst aufmachen und dieses seltsame Faktum so gut als möglich zu berichtigen suchen.

Ob Friedrich wirklich diese Meinung hegte, oder ob der Wunsch, seine Schwester zu beruhigen, ihm zu diesem Einfall geholfen, wollen wir nicht entscheiden; genug, sie ergriffen die Gelegenheit über manche unleugbare Sympathien zu sprechen, und fanden am Ende eine Sympathie zwischen Hölzern, die auf einem Stamm erzeugt worden, zwischen Werken, die ein Künstler verfertigt, noch ziemlich wahrscheinlich. Ja sie wurden einig, dergleichen Phänomene ebensogut für Naturphänomene gelten zu lassen, als andere, welche sich öfter wiederholen, die wir mit Händen greifen und doch nicht erklären können.

Überhaupt, sagte Karl, scheint mir, daß jedes Phänomen, so wie jedes Faktum an sich eigentlich das Interessante sei. Wer es erklärt oder mit andern Begebenheiten zusammenhängt, macht sich gewöhnlich eigentlich nur einen Spaß, und hat uns zum besten, wie zum Beispiel der Naturforscher und Historienschreiber. Aber eine einzelne Handlung oder Begebenheit ist interessant, nicht weil sie erklärbar oder wahrscheinlich, sondern weil sie wahr ist. Wenn gegen Mitternacht die Flamme den Schreibtisch der Tante verzehrt hat, so ist das sonderbare Reißen des unsern zu gleicher Zeit für uns eine wahre Begebenheit, sie mag übrigens erklärbar sein und zusammenhängen mit was sie will.

Alchimie

Wohl kaum ein Fachgebiet hat in der letzten Zeit eine so weitgreifende Umbewertung erfahren wie die Alchemie. Ursprünglich die Lehre vom inneren Zusammenhang der Stoffe, wurde sie dann eingeschränkt auf die Kunst der Metallumwandlung mit Hilfe des Steins der Weisen und galt zur Zeit Goethes vielfach als menschliche Narretei. Alchemisten, die einem Herrscher die Umwandlung unedler Materialien in Gold andienten, waren als Scharlatane verschrien – obgleich doch die Herstellung des Porzellans als Abfallprodukt der Alchemie Meißen im 18. Jahrhundert zu Reichtum verholfen hatte.

Erst in jüngerer Zeit hat der Psychologe C. G. Jung die Alchemie als Projektion der Archetypen auf die Materie gedeutet. Vor allem aber arbeitet die Alchemie mit Analogien, und dieses Denken lag dem aufgeklärten Zeitalter Goethes fern.

Vor diesem Hintergrund sind die folgenden Ausführungen Goethes zu diesem Thema zu verstehen. Er behandelt sie in seiner Geschichte der Farbenlehre.

… die Alchimisten … mußten sich, weil darunter wenig originelle Geister, hingegen viele Nachahmer sich befanden, immer tiefer zur Geheimniskramerei ihre Zuflucht nehmen, deren Dunkelheiten aus dem vorigen Jahrhundert herübergekommen waren. Daher die Monotonie aller dieser Schriften.

Betrachtet man die Alchimie überhaupt, so findet man an ihr dieselbe Entstehung, wie wir oben bei anderer Art Aberglauben bemerkt haben. Es ist der Mißbrauch des Echten und Wahren, ein Sprung von der Idee, vom Möglichen, zur Wirklichkeit, eine falsche Anwendung echter Gefühle, ein lügenhaftes Zusagen, wodurch unsern liebsten Hoffnungen und Wünschen geschmeichelt wird.

4

Der kritische Goethe

Zeitzeuge

Und doch kann eigentlich niemand aus der Geschichte etwas lernen, denn sie enthält ja nur eine Masse von Torheiten und Schlechtigkeiten.

Skeptisch äußerte sich Goethe auch, was die Möglichkeiten der Geschichtsschreibung angeht.

Besieht man es genauer, so findet sich, daß dem Geschichtsschreiber selbst die Geschichte nicht leicht historisch wird; denn der jedesmalige Schreiber schreibt immer nur so, als wenn er damals dabei selbst gewesen wäre, nicht aber, was vormals war und damals bewegte.

Goethe war dabei. Beim Ausbruch des Siebenjährigen Krieges zum Beispiel. Und er schilderte das Ungeheure an diesem Krieg: Es entstand eine öffentliche Meinung. Und dahinter steckte ein König, der die Zensur der Zeitungen abschaffen wollte mit der Begründung: „Gazetten, wenn sie interessant sein sollen, dürfen nicht genieret werden".

Goethe erlebte die Meinungsbildung und die Spaltung Deutschlands aus erster Hand, in der eigenen Familie.

... kaum hatte ich am 28sten August 1756 mein siebentes Jahr zurückgelegt, als gleich darauf jener weltbekannte Krieg ausbrach, welcher auf die nächsten sieben Jahre meines Lebens auch großen Einfluß haben sollte. Friedrich der Zweite, König von Preußen, war mit 60.000 Mann in Sachsen eingefallen, und statt einer vorgängigen Kriegserklärung folgte ein Manifest, wie man sagte von ihm selbst verfaßt, welches die Ursachen enthielt, die ihn zu einem solchen ungeheuren Schritt bewogen und berechtigt.

Die Welt, die sich nicht nur als Zuschauer, sondern auch als Richter aufgefordert fand, spaltete sich sogleich in zwei Parteien, und unsere Familie war ein Bild des großen Ganzen.

Mein Großvater, der als Schöff von Frankfurt über Franz dem Ersten den Krönungshimmel getragen und von der Kaiserin eine gewichtige goldene Kette mit ihrem Bildnis erhalten hatte, war mit einigen Schwiegersöhnen und Töchtern auf östreichischer Seite. Mein Vater, von Karl dem Siebenten zum kaiserlichen Rat ernannt und an dem Schicksale dieses unglücklichen Monarchen gemütlich teilnehmend, neigte sich mit der kleinern Familienhälfte gegen Preußen.

Diese politische Polarisierung spaltete die Familie, und die sonntäglichen Familientreffen stehen unter einem streitbaren Stern.

Gar bald wurden unsere Zusammenkünfte, die man seit mehrern Jahren sonntags ununterbrochen fortgesetzt hatte, gestört. Die unter Verschwägerten gewöhnlichen Mißhelligkeiten fanden nun erst eine Form, in der sie sich aussprechen konnten. Man stritt, man überwarf sich, man schwieg, man brach los. Der Großvater, sonst ein heitrer, ruhiger und bequemer Mann, ward ungeduldig. Die Frauen suchten vergebens das Feuer zu löschen, und nach einigen unangenehmen Szenen blieb mein Vater zuerst aus der Gesellschaft.

Solcherart in zwei Lager geteilt, wird das Familienleben vom Kriegsverlauf beherrscht. Zumindest sorgt er für unablässigen Gesprächsstoff.

Nun freuten wir uns ungestört zu Hause der preußischen Siege, welche gewöhnlich durch jene leidenschaftliche Tante mit großem Jubel verkündigt wurden. Alles andere Interesse mußte diesem weichen, und wir brachten den Überrest des Jahres in beständiger Agitation zu. Die Besitznahme von Dresden, die anfängliche Mäßigung des Königs, die zwar langsamen, aber sichern Fortschritte, der Sieg bei Lowositz, die Gefangennehmung der Sachsen waren für unsere Partei ebenso viele Triumphe. Alles, was zum Vorteil der Gegner angeführt werden konnte, wurde geleugnet oder verkleinert, und da die entgegengesetzten Familienglieder das gleiche taten, so konnten sie einander nicht auf der Straße begegnen, ohne daß es Händel setzte, wie in „Romeo und Julie".

Selbst der siebenjährige Dreikäsehoch entwickelt in dieser Situation eine politische Gesinnung. Sie findet sogar praktischen Niederschlag.

Und so war ich denn auch preußisch oder, um richtiger zu reden, fritzisch gesinnt: denn was ging uns Preußen an? Es war die Persönlichkeit des großen Königs, die auf alle Gemüter wirkte. Ich freute mich mit dem Vater unserer Siege, schrieb sehr gern die Siegeslieder ab und fast noch lieber die Spottlieder auf die Gegenpartei, so platt die Reime auch sein mochten.

Nur das Sonntagsessen im „gegnerischen Lager", also bei den Großeltern, schmeckt mit einem Male nicht mehr.

Als ältester Enkel und Pate hatte ich seit meiner Kindheit jeden Sonntag bei den Großeltern gespeist: es waren meine vergnügtesten Stunden der ganzen Woche. Aber nun wollte mir kein Bissen mehr schmecken: denn ich mußte meinen Helden aufs greulichste verleumden hören. Hier wehte ein anderer Wind, hier klang ein anderer Ton als zu Hause. Die Neigung, ja die Verehrung für meine Großeltern nahm ab.

Ende der Heldenverehrung

In Leipzig, wo Goethe seine ersten drei Studienjahre verbrachte, herrschte ein anderes Klima – auch dem Alten Fritz gegenüber.

Friedrich der Zweite stand noch immer über allen vorzüglichen Männern des Jahrhunderts in meinen Gedanken, und es mußte mir daher sehr befremdend vorkommen, daß ich ihn so wenig vor den Einwohnern von Leipzig als sonst in meinem großväterlichen Hause loben durfte. Sie hatten freilich die Hand des Krieges schwer gefühlt, und es war ihnen deshalb nicht zu verargen, daß sie von demjenigen, der ihn begonnen und fortgesetzt, nicht das Beste dachten. Sie wollten ihn daher wohl für einen vorzüglichen, aber keineswegs für einen großen Mann gelten lassen. Es sei keine Kunst, sagten sie, mit großen Mitteln einiges zu leisten; und wenn man weder Länder noch Geld, noch Blut schone, so könne man zuletzt schon seinen Vorsatz ausführen.

Das war nun allerdings ein Argument, das Goethe einsehen mußte. Vor allem waren die Leipziger so sehr vom Geschehen betroffen gewesen, daß sie sehr viel kompetenter und präziser urteilen konnen.

Friedrich habe sich in keinem seiner Plane und in nichts, was er sich eigentlich vorgenommen, groß bewiesen. Solange es von ihm abgehangen, habe er nur immer Fehler gemacht, und das Außerordentliche sei nur alsdann zum Vorschein gekommen, wenn er genötigt gewesen, eben diese Fehler wiedergutzumachen; und bloß daher sei er zu dem großen Rufe gelangt, weil jeder Mensch sich dieselbige Gabe wünsche, die Fehler, die man häufig begeht, auf eine geschickte Weise wieder ns gleiche zu bringen.

Das sind doch immerhin auch positive Züge, die da die Leipziger am großen Preußenkönig herausstreichen.

Die Kritik allerdings, die sie üben, ist ebenso herb wie berechtigt, und allmählich sieht auch Goethe sein Idol ohne rosa Brille.

Man dürfe den Siebenjährigen Krieg nur Schritt vor Schritt durchgehen, so werde man finden, daß der König seine treffliche Armee ganz unnützerweise aufgeopfert und selbst schuld daran gewesen, daß diese verderbliche Fehde sich so sehr in die Länge gezogen. Ein wahrhaft großer Mann und Heerführer wäre mit seinen Feinden viel geschwinder fertig geworden. Sie hatten, um diese Gesinnungen zu behaupten, ein unendliches Detail anzuführen, welches ich nicht zu leugnen wußte, und nach und nach die unbedingte Verehrung erkalten fühlte, die ich diesem merkwürdigen Fürsten von Jugend auf gewidmet hatte.

Kaiser und König zu Gast

Das große politische Ereignis in der Jugend Goethes war die Krönung des späteren Kaisers Joseph II. zum deutschen König. Etwa 20 Jahre vorher war dessen Vater, Franz I. Stephan von Lothringen, Ehemann der österreichischen Erzherzogin und ungarischen Königin Maria Theresia, zum Kaiser des Heiligen Römischen Reiches Deutscher Nation gekrönt worden. Und von dieser Krönung erfuhr der fünfzehnjährige Goethe von den Älteren Frankfurtern natürlich einiges, weil sie ständig Vergleiche anstellten.

Bei Franz' des Ersten Krönung war noch nicht alles so ausgemacht wie gegenwärtig: der Friede war noch nicht abgeschlossen, Frankreich, Kur-Brandenburg und Kur-Pfalz widersetzten sich der Wahl; die Truppen des künftigen Kaisers standen bei Heidelberg, wo er sein

Hauptquartier hatte, und fast wären die von Aachen heraufkommenden Reichsinsignien von den Pfälzern weggenommen worden. Indessen unterhandelte man doch und nahm von beiden Seiten die Sache nicht aufs strengste.

Die Kaiserkrönung von Franz I. Stephan von Lothringen gehörte zu den Friedensbedingungen der Schlesischen Kriege: Maria Theresia verzichtete auf Schlesien und erhielt dafür die Zusage, Preußen werde die Wahl ihres Gatten zum Kaiser des Heiligen Römischen Reiches unterstützen. Tatsächlich wurde er mit sieben von neun Stimmen gewählt.

Natürlich erzählte man sich in Frankfurt auch die eine oder andere Anekdote über die große Liebe zwischen der Königin von Ungarn (denn das war ihr höchster offizieller Titel) und dem angehenden Kaiser.

Maria Theresia selbst, obgleich in gesegneten Umständen, kommt, um die endlich durchgesetzte Krönung ihres Gemahls in Person zu sehen. Sie traf in Aschaffenburg ein und bestieg eine Jacht, um sich nach Frankfurt zu begeben. Franz, von Heidelberg aus, denkt seiner Gemahlin zu begegnen, allein er kommt zu spät, sie ist schon abgefahren. Ungekannt wirft er sich in einen kleinen Nachen, eilt ihr nach, erreicht ihr Schiff, und das liebende Paar erfreut sich dieser überraschenden Zusammenkunft. Das Märchen davon verbreitet sich sogleich, und alle Welt nimmt teil an diesem zärtlichen, mit Kindern reich gesegneten Ehepaar, das seit seiner Verbindung so unzertrennlich gewesen, daß sie schon einmal auf einer Reise von Wien nach Florenz zusammen an der venezianischen Grenze Quarantäne halten müssen.

Die herzliche, spontane Art Maria Theresias gewann ihr auch in Frankfurt alle Herzen.

Maria Theresia wird in der Stadt mit Jubel bewillkommt, sie betritt den Gasthof ‚Zum Römischen Kaiser', indessen auf der Bornheimer Heide das große Zelt zum Empfang ihres Gemahls errichtet ist. Dort findet sich von den geistlichen Kurfürsten nur Mainz allein, von den Abgeordneten der weltlichen nur Sachsen, Böhmen und Hannover. Der Einzug beginnt, und was ihm an Vollständigkeit und Pracht abgehen mag, ersetzt reichlich die Gegenwart einer schönen Frau. Sie steht auf dem Balkon des wohlgelegnen Hauses und begrüßt mit Vivatruf und Händeklatschen ihren Gemahl: das Volk stimmt ein, zum größten Enthusiasmus aufgeregt.

Maria Theresia hatte überhaupt eine unkonventionelle Ader, die Öffentlichkeit an ihrem Leben teilhaben zu lassen. Als sechsjähriges Kind wohnte sie einer Fronleichnamsprozession bei, an der ihr Vater, Kaiser Karl VI., in all seiner gravitätischen spanischen Hofpracht teilnahm, und zwar verfolgte sie die Prozession vom Balkon des Hauses „Zur weißen Traube" am Wiener Graben aus. Als sie ihren wahrhaft eindrucksvollen Vater unter den Vorbeiziehenden entdeckte, klatschte sie voller Freude in die Hände und rief unpassend, aber absolut ehrlich: „Pappi, Pappi, wie schön du bist!"

Wesentlich später, als sie die Nachricht erhielt, daß ihr Sohn Leopold, Großherzog von Toskana und späterer Kaiser Leopold II., sie zur Großmutter gemacht hatte, mußte sie diese frohe Botschaft unbedingt ihren Wienern mitteilen. Also platzte sie spät abends mitten in eine Aufführung des Hoftheaters und verkündete den Anwesenden in schönstem Wienerisch (das wir hier nur rudimentär wiedergeben): „Denkt Euch, der Poldl hat an Buam gekriegt, und das auf meinem Hochzeitstag – ist das net charmant?"

Doch zurück nach Frankfurt und zu den Feierlichkeiten anläßlich der Krönung ihres Ältesten zum König.

Man hatte damals alles Gute gewünscht und prophezeit, und heute sah man es erfüllt an dem erstgebornen Sohne, dem jedermann wegen seiner schönen Jünglingsgestalt geneigt war und auf den die Welt bei den hohen Eigenschaften, die er ankündigte, die größten Hoffnungen setzte.

Sicherheitsvorkehrungen

Frankfurt hatte bereits Erfahrungen mit hohen Gästen, und ganz besonders mit den Vorkehrungen, die ihren Aufenthalt in der Stadt sicher machten. Diese muten wahrlich mittelalterlich an, dienen aber andererseits dazu, jeden einzelnen Bürger verantwortlich in das Geschehen einzubeziehen.

Gleich den nächsten Tag war große Bewegung in der Stadt, wegen der Visiten und Gegenvisiten, welche nunmehr mit dem größten Zeremoniell abgestattet wurden. Was mich aber als einen Frankfurter Bürger besonders interessierte und zu vielen Betrachtungen veranlaßte, war die Ablegung des Sicherheitseides, den der Rat, das Militär, die Bürgerschaft, nicht etwa durch Repräsentanten, sondern persönlich und in Masse leisteten: erst auf dem großen Römersaale der Magistrat und die Stabsoffiziere, dann auf dem großen Platze, dem Römerberg, die sämtliche Bürgerschaft nach ihren verschiedenen Graden, Abstufungen und Quartieren, und zuletzt das übrige Militär. Hier konnte man das ganze Gemeinwesen mit einem Blick überschauen, versammelt zu dem ehrenvollen Zweck, dem Haupt und den Gliedern des Reichs Sicherheit und bei dem bevorstehenden großen Werke unverbrüchliche Ruhe anzugeloben.

Allmählich wird es ernst, und die Sicherheitsvorkehrungen erreichen ihren Höhepunkt. Und der mutet wahrhaft mittelalterlich an.

Nun waren auch Kur-Trier und Kur-Köln in Person angekommen. Am Vorabend des Wahltags werden alle Fremden aus der Stadt gewiesen, die Tore sind geschlossen, die Juden in ihrer Gasse eingesperrt, und der Frankfurter Bürger dünkt sich nicht wenig, daß er allein Zeuge einer so großen Feierlichkeit bleiben darf.

Einzug der Kurfürsten

Traditionen werden hochgehalten, und der junge Goethe ist stets bestens informiert und mitten im Geschehen. Dieses kommentiert er nicht ohne Bissigkeiten und natürlich getragen von seiner Begeisterung für Friedlich II. von Preußen.

Bisher war alles noch ziemlich modern hergegangen: die höchsten und hohen Personen bewegten sich nur in Kutschen hin und wider; nun aber sollten wir sie, nach uralter Weise, zu Pferde sehen. Der Zulauf und das Gedränge war außerordentlich.

Als Enkel des Schultheißen von Frankfurt hatte Goethe den andern Frankfurtern gegenüber im gesamten Römer einen ungeheuren Heimvorteil. Und so bekommt er einiges aus nächster Nähe mit.

Ich wußte mich in dem Römer, den ich, wie eine Maus den heimischen Kornboden, genau kannte, so lange herumzuschmiegen, bis ich an den Haupteingang gelangte, vor welchem die Kurfürsten und Gesandten, die zuerst in Prachtkutschen herangefahren und sich oben versammelt hatten, nunmehr zu Pferde steigen sollten. Die stattlichsten, wohlzugerittenen Rosse waren mit reichgestickten Waldrappen überhangen und auf alle Weise geschmückt.

Die Pferde und Uniformen aus nächster Nähe zu bewundern ist eines, sie kritisch zu begutachten ein anderes. Und hier findet Goethe doch einiges auszusetzen.

Kurfürst Emmerich Joseph, ein schöner, behaglicher Mann, nahm sich zu Pferde gut aus. Der beiden andern erinnere ich mich weniger, als nur überhaupt, daß uns diese roten, mit Hermelin ausgeschlagenen Fürstenmäntel, die wir sonst nur auf Gemälden zu sehen gewohnt waren, unter freiem Himmel sehr romantisch vorkamen. Auch die Botschafter der abwesenden weltlichen Kurfürsten in ihren goldstoffnen, mit Gold überstickten, mit goldnen Spitzentressen reich besetzten spanischen Kleidern taten unsern Augen wohl; besonders wehten die großen Federn von den altertümlich aufgekrempten Hüten aufs prächtigste. Was mir aber gar nicht dabei gefallen wollte, waren die kurzen modernen Beinkleider, die weißseidenen Strümpfe und modischen Schuhe. Wir hätten Halbstiefelchen, so golden, als man gewollt, Sandalen oder dergleichen gewünscht, um nur ein etwas konsequenteres Kostüm zu erblicken.

Immerhin macht wenigstens der Vertreter des preußischen Königs Goethes Verehrung für seinen Herrn keine Schande:

Im Betragen unterschied sich auch hier der Gesandte von Plotho wieder vor allen andern. Er zeigte sich lebhaft und munter und schien vor der ganzen Zeremonie nicht sonderlichen Respekt zu haben. Denn als sein Vordermann, ein ältlicher Herr, sich nicht sogleich aufs Pferd schwingen konnte und er deshalb eine Weile an dem großen Eingang warten mußte, enthielt er sich des Lachens nicht, bis sein Pferd auch vorgeführt wurde, auf welches er sich denn sehr behend hinaufschwang und von uns abermals als ein würdiger Abgesandter Friedrichs des Zweiten bewundert wurde.

Zeremonien statt Überlegung

Die eigentliche Königswahl des österreichischen Erzherzogs fand in der Paulskirche statt, und natürlich war der fünfzehnjährige Goethe auch hier präsent. Doch er war enttäuscht.

Nun war für uns der Vorhang wieder gefallen. Ich hatte mich zwar in die Kirche zu drängen gesucht, allein es fand sich auch dort mehr

Unbequemlichkeit als Lust. Die Wählenden hatten sich ins Allerheiligste zurückgezogen, in welchem weitläufige Zeremonien die Stelle einer bedächtigen Wahlüberlegung vertraten. Nach langem Harren, Drängen und Wogen vernahm denn zuletzt das Volk den Namen Josephs des Zweiten, der zum Römischen König ausgerufen wurde.

Gelungene Inszenierung

Nun ging es also an die Krönung. Auch diese war von einer Fülle von Traditionen begleitet und fand nach einem genau festgelegten Protokoll statt. Die Vorbereitungen erstreckten sich über mehrere Tage.

Der Schauspielhauskenner Goethe nahm die Zeremonien in ihrer Abfolge als das wahr, was sie waren: als Aufzüge eines wohlinszenierten barocken Schauspiels. Und das ergriff nun allmählich ganz Frankfurt.

Der Zudrang der Fremden in die Stadt ward nun immer stärker. Alles fuhr und ging in Galakleidern, so daß man zuletzt nur die ganz goldenen Anzüge bemerkenswert fand. Kaiser und König waren schon in Heusenstamm, einem gräflich Schönbornischen Schlosse, angelangt und wurden dort herkömmlich begrüßt und willkommen geheißen; die Stadt aber feierte diese wichtige Epoche durch geistliche Feste sämtlicher Religionen, durch Hochämter und Predigten, und von weltlicher Seite, zu Begleitung des Tedeum, durch unablässiges Kanonieren.

Der Theaterfreund Goethe ist für den wohl durchdachten Aufbau, für die ausgezeichnete Regie im Hintergrund sehr empfäng-

lich und weiß die Inszenierung zu schätzen. Der Schluß seinser Betrachtungen allerdings ist überraschend und ehrlich.

Hätte man alle diese öffentlichen Feierlichkeiten von Anfang bis hieher als ein überlegtes Kunstwerk angesehen, so würde man nicht viel daran auszusetzen gefunden haben. Alles war gut vorbereitet; sachte fingen die öffentlichen Auftritte an und wurden immer bedeutender: die Menschen wuchsen an Zahl, die Personen an Würde, ihre Umgebungen wie sie selbst an Pracht, und so stieg es mit jedem Tage, so daß zuletzt auch ein vorbereitetes, gefaßtes Auge in Verwirrung geriet.

Der Kaiser zieht ein ...

Der Einzug des Kurfürsten von Mainz ... war prächtig und imposant genug, um in der Einbildungskraft eines vorzüglichen Mannes die Ankunft eines großen geweissagten Weltherrschers zu bedeuten. Auch wir waren dadurch nicht wenig geblendet worden. Nun aber spannte sich unsere Erwartung aufs höchste, als es hieß, der Kaiser und der künftige König näherten sich der Stadt.

Natürlich kann der Kaiser nicht einfach so nach Frankfurt kommen. Er mußte Stadtschlüssel und Ehren entgegennehmen. Und zwar im Zelt. Auch das Zentrum, um das sich der Geleitzug formierte, war ein Zelt, wenngleich es Goethe als „Prachtgezelt" bezeichnet.

In einiger Entfernung von Sachsenhausen war ein Zelt errichtet, in welchem der ganze Magistrat sich aufhielt, um dem Oberhaupte des Reichs die gehörige Verehrung zu bezeigen und die Stadtschlüssel anzubieten. Weiter hinaus auf einer schönen geräumigen Ebene stand ein anderes, ein Prachtgezelt, wohin sich die sämtlichen Kurfürsten und Wahlbotschafter zum Empfang der Majestäten verfügten, indessen ihr Gefolge sich den ganzen Weg entlang erstreckte, um nach und nach, wie die Reihe an sie käme, sich wieder gegen die Stadt in Bewegung zu setzen und gehörig in den Zug einzutreten. Nunmehr fuhr der Kaiser bei dem Zelt an, betrat solches, und nach ehrfurchtsvollem Empfange beurlaubten sich die Kurfürsten und Gesandten, um ordnungsgemäß dem höchsten Herrscher den Weg zu bahnen.

Natürlich brauchte im 18. Jahrhundert niemand tatsächlich dem Kaiser einen Weg zu bahnen. Doch erinnern wir uns: Während dieser Tage war Goethe bis über beide Ohren in Gretchen verliebt, und er hatte die Ehre, sie belehren zu dürfen. Das merkt man seinen Kommentaren bisweilen auch an.

... und auch die Reichsinsignien

Traditionen beherrschen das Geschehen. Das bekommen auch die Reichsinsignien, also Reichsapfel, Krone, Schwert etc. zu spüren, die nicht ohne weiteres Einzug halten durften.

Nun kamen auch die Reichsinsignien heran. Damit es aber auch hier nicht an hergebrachten Händeln fehlen möge, so mußten sie auf freiem Felde den halben Tag bis in die späte Nacht zubringen, wegen einer Territorial- und Geleitsstreitigkeit zwischen Kur-Mainz und der Stadt. Die letzte gab nach, die Mainzischen geleiteten die Insignien bis an den Schlagbaum, und somit war die Sache für diesmal abgetan.

Bis zum Ende des Heiligen Römischen Reiches Deutscher Nation im Jahre 1806 waren alle noch folgenden Kaiser Österreicher und hatten ihre Residenz in Wien. Aus diesem Grund blieben die Reichsinsignien in Wien und sind heute in der Hofburg ausgestellt. Goethe hatte es noch nicht so leicht, sie wirklich zu Gesicht zu bekommen. Doch nun sollten sie eine Hauptrolle spielen.

Der Krönungstag

Der Krönungstag brach endlich an, den 3ten April 1764; das Wetter war günstig und alle Menschen in Bewegung. Man hatte mir, nebst mehrern Verwandten und Freunden, in dem Römer selbst, in einer der obern Etagen, einen guten Platz angewiesen, wo wir das Ganze vollkommen übersehen konnten. Mit dem frühsten begaben wir uns an Ort und Stelle und beschauten nunmehr von oben, wie in der Vogelperspektive, die Anstalten, die wir tags vorher in näheren Augenschein genommen hatten.

Da Goethe sich auskennt, kann er es sich leisten, etwas ungenau in der Sprache zu sein. Also: Der Römer war eigentlich das Rathaus Frankfurts, das aus drei mittelalterlichen Gebäuden besteht, die nebeneinander stehen. Der Platz davor heißt genau genommen „Am Römer", und er war der Schauplatz der im folgenden beschriebenen Köstlichkeiten und Ereignisse.

Da war der neuerrichtete Springbrunnen mit zwei großen Kufen rechts und links, in welche der Doppeladler auf dem Ständer weißen Wein hüben und roten Wein drüben aus seinen zwei Schnäbeln ausgießen sollte. Aufgeschüttet zu einem Haufen lag dort der Haber, hier stand die große Bretterhütte, in der man schon einige Tage den ganzen fetten Ochsen an einem ungeheuren Spieße bei Kohlenfeuer braten und schmoren sah. Alle Zugänge, die vom Römer aus dahin und von andern Straßen nach dem Römer führen, waren zu beiden Seiten durch Schranken und Wachen gesichert. Der große Platz füllte sich nach und nach, und das Wogen und Drängen ward immer stärker und bewegter, weil die Menge wo möglich immer nach der Gegend hinstrebte, wo ein neuer Auftritt erschien und etwas Besonderes angekündigt wurde.

Frankfurt hatte mehr zu bieten als Zelte und Küchen in Bretterverschlägen. Und so kommt endlich mit Hilfe der Sturmglocke sogar feierliche Stimmung auf.

Bei alledem herrschte eine ziemliche Stille, und als die Sturmglocke geläutet wurde, schien das ganze Volk von Schauer und Erstaunen ergriffen. Was nun zuerst die Aufmerksamkeit aller, die von oben herab den Platz übersehen konnten, erregte, war der Zug, in welchem die Herren von Aachen und Nürnberg die Reichskleinodien nach dem Dome brachten. Diese hatten als Schutzheiligtümer den ersten Platz im Wagen eingenommen, und die Deputierten saßen vor ihnen in anständiger Verehrung auf dem Rücksitz. Nunmehr begeben sich die drei Kurfürsten in den Dom. Nach Überreichung der Insignien an Kur-Mainz werden Krone und Schwert sogleich nach dem kaiserlichen Quartier gebracht.

... indem sich Würde und Pracht steigerten: Der feierliche Krönungszug

Eine gehörige Portion Patriotismus ist dem Bürger der Freien Reichsstadt Frankfurt nicht abzusprechen. Doch weiß er auch den repräsentativen und feierlichen Aufwand zu würdigen, den die Kurfürsten veranstalteten. Besonders die verschiedenen Uniformen erregen Goethes Interesse.

Was einem Frankfurter besonders wohltun mußte, war, daß bei dieser Gelegenheit, bei der Gegenwart so vieler Souveräne und ihrer Repräsentanten, die Reichsstadt Frankfurt auch als ein kleiner Souverän erschien: denn ihr Stallmeister eröffnete den Zug, Reitpferde mit Wappendecken, worauf der weiße Adler im roten Felde sich gar gut ausnahm, folgten ihm, Bediente und Offizianten, Pauker und Trompeter, Deputierte des Rats, von Ratsbedienten in der Stadtlivree zu Fuße begleitet.

Hieran schlossen sich die drei Kompanien der Bürgerkavallerie, sehr wohl beritten, dieselbigen, die wir von Jugend auf bei Einholung des Geleits und andern öffentlichen Gelegenheiten gekannt hatten.

Die Mischung aus Vertrautem und feierlichem Rahmen ist es wohl hauptsächlich, die diesem Ereignis für den Frankfurter Jugendlichen den besonderen Reiz verlieh.

Wir erfreuten uns an dem Mitgefühl dieser Ehre und an dem Hunderttausendteilchen einer Souveränität, welche gegenwärtig in ihrem vollen Glanz erschien. Die verschiedenen Gefolge des Reichserbmarschalls und der von den sechs weltlichen Kurfürsten abgeordneten Wahlgesandten zogen sodann schrittweise daher. Keins derselben bestand aus weniger denn zwanzig Bedienten und zwei Staatswagen, bei einigen aus einer noch größern Anzahl.

Das Gefolge der geistlichen Kurfürsten war nun immer im Steigen; die Bedienten und Hausoffizianten schienen unzählig, Kur-Köln und Kur-Trier hatten über zwanzig Staatswagen, Kur-Mainz allein ebensoviel. Die Dienerschaft zu Pferde und zu Fuß war durchaus aufs prächtigste gekleidet, die Herren in den Equipagen, geistliche und weltliche, hatten es auch nicht fehlen lassen, reich und ehrwürdig angetan und geschmückt mit allen Ordenszeichen zu erscheinen.

Doch es geht noch prachtvoller, denn nun kommt das Gefolge der kaiserlichen Majestät. Vom Kaiser aber noch keine Spur.

Das Gefolg der kaiserlichen Majestät übertraf nunmehr, wie billig, die übrigen. Die Bereiter, die Handpferde, die Reitzeuge, Schabracken und Decken zogen aller Augen auf sich, und sechzehn sechsspännige Galawagen der kaiserlichen Kammerherren, Geheimenräte, des Oberkämmerers, Oberhofmeisters, Oberstallmeisters beschlossen mit großem Prunk diese Abteilung des Zugs, welche ungeachtet ihrer Pracht und Ausdehnung doch nur der Vortrab sein sollte.

Sechzehn sechsspännige Galawagen – woher Goethe wohl diese Zahlen hatte, als er diese Beschreibung in vorgeschrittenem Alter verfasste? Das Geheimnis ist leicht zu lösen: Es erschien anläßlich dieser Krönung ein Stich – heute würde man sagen: ein Folder –, der den gesamten Krönungszug wiedergab und auch die Reichsinsignien abbildete. Mit dieser Gedächtnisstütze konnte Goethe leicht genau sein.

Nun aber konzentrierte sich die Reihe, indem sich Würde und Pracht steigerten, immer mehr. Denn unter einer ausgewählten Begleitung eigener Hausdienerschaft, die meisten zu Fuß, wenige zu Pferde, erschienen die Wahlbotschafter, sowie die Kurfürsten in Person nach aufsteigender Ordnung, jeder in einem prächtigen Staatswagen. Unmittelbar hinter Kur-Mainz kündigten zehn kaiserliche Läufer, einundvierzig Lakaien und acht Heiducken die Majestäten selbst an. Der prächtigste Staatswagen, auch im Rücken mit einem ganzen Spiegelglas versehen, mit Malerei, Lackierung, Schnitzwerk und Vergoldung ausgeziert, mit rotem gesticktem Samt obenher und inwendig bezogen, ließ uns ganz bequem Kaiser und König, die längst erwünschten Häupter, in aller ihrer Herrlichkeit betrachten.

Diesen feierlichen Anblick wollten die Stadtväter möglichst vielen Frankfurtern zukommen lassen. Und da Staatskarossen im Laufe der Zeit immer größer wurden, Stadttore hingegen nicht, waren umfangreiche Vorkehrungen nötig, damit alles „glatt" lief.

Goethes Bemerkungen sind hier nicht ohne eine gewisse bissige Ironie.

Man hatte den Zug einen weiten Umweg geführt, teils aus Notwendigkeit, damit er sich nur entfalten könne, teils um ihn der großen Menge Menschen sichtbar zu machen. Er war durch Sachsenhausen, über die Brücke, die Fahrgasse, sodann die Zeile hinuntergegangen und wendete sich nach der innern Stadt durch die Katharinenpforte, ein ehmaliges Tor und seit Erweiterung der Stadt ein offner Durchgang. Hier hatte man glücklich bedacht, daß die äußere Herrlichkeit der Welt seit einer Reihe von Jahren sich immer mehr in die Höhe und Breite ausgedehnt. Man hatte gemessen und gefunden, daß durch diesen Torweg, durch welchen so mancher Fürst und Kaiser aus- und eingezogen, der jetzige kaiserliche Staatswagen, ohne mit seinem Schnitzwerk und andern Äußerlichkeiten anzustoßen, nicht hindurchkommen könne.

Nicht nur wurde das Pflaster aufgehoben, selbst Dächer wurden abgedeckt, damit die feierliche Prozession ungehindert passieren konnte.

Man beratschlagte, und zu Vermeidung eines unbequemen Umwegs entschloß man sich, das Pflaster aufzuheben und eine sanfte Ab- und Auffahrt zu veranstalten. In eben dem Sinne hatte man auch alle Wetterdächer der Läden und Buden in den Straßen ausgehoben, damit weder die Krone noch der Adler, noch die Genien Anstoß und Schaden nehmen möchten.

Sosehr wir auch, als dieses kostbare Gefäß mit so kostbarem Inhalt sich uns näherte, auf die hohen Personen unsere Augen gerichtet hatten, so konnten wir doch nicht umhin, unsern Blick auf die herrlichen Pferde, das Geschirr und dessen Posamentschmuck zu wenden; besonders aber fielen uns die wunderlichen, beide auf den Pferden sitzenden Kutscher und Vorreiter auf. Sie sahen wie aus einer andern Nation, ja wie aus einer andern Welt, in langen schwarz- und gelbsamtnen Röcken und Kappen mit großen Federbüschen, nach kaiserlicher Hofsitte.

Nun drängte sich so viel zusammen, daß man wenig mehr unterscheiden konnte. Die Schweizergarde zu beiden Seiten des Wagens, der Erbmarschall, das sächsische Schwert aufwärts in der rechten Hand haltend, die Feldmarschälle, als Anführer der kaiserlichen Garden hinter dem Wagen reitend, die kaiserlichen Edelknaben in Masse und endlich die Hatschiergarde selbst, in schwarzsamtnen Flügelröcken, alle Nähte reich mit Gold galoniert, darunter rote Leibröcke und lederfarbne Kamisole, gleichfalls reich mit Gold besetzt.

Das alles aufzunehmen, stellte an den Zuschauer beträchtliche Anforderungen. Doch mußte man allein aus lokalpatriotischen Gründen ausharren. Denn den Abschluß des Zuges bildete der Frankfurter Magistrat, und dem mußte man die Ehre erweisen.

Man kam vor lauter Sehen, Deuten und Hinweisen gar nicht zu sich selbst, so daß die nicht minder prächtig gekleideten Leibgarden der Kurfürsten kaum beachtet wurden; ja wir hätten uns vielleicht von den Fenstern zurückgezogen, wenn wir nicht noch unsern Magistrat, der in funfzehn zweispännigen Kutschen den Zug beschloß, und besonders in der letzten den Ratsschreiber mit den Stadtschlüsseln auf rotsamtenem Kissen hätten in Augenschein nehmen wollen. Daß unsere Stadtgrenadierkompanie das Ende deckte, deuchte uns auch ehrenvoll genug, und wir fühlten uns als Deutsche und als Frankfurter von diesem Ehrentag doppelt und höchlich erbaut.

Viel Tradition um nichts: Das feierliche Ehrenmahl

Für Goethe selbst gab es an diesem aufregenden Tag nur eine ...

... frugale Mahlzeit, denn wir mußten an dem festlichen Tage, den wir erlebten, mit kalter Küche vorliebnehmen. Dagegen aber war der beste und älteste Wein aus allen Familienkellern herangebracht worden, so daß wir von dieser Seite wenigstens dies altertümliche Fest altertümlich feierten.

Wirklich feierlich wurde die Geschichte aber auch für den frisch gekrönten König und seinen Vater, den Kaiser, nicht. Zunächst spielten sich Rituale ab, deren Bedeutung symbolisch etwa dem „das Buffet ist eröffnet" einer heutigen Einladung entsprach. Sie waren allerdings viel traditionsreicher und vor allem viel umständlicher als diese einfachen Worte.

Hafer, Ochse und Wein, der aus einem Brunnen sprudelte, all dies kam jetzt zur Ehren.

All dies war durch Schranken sorgfältig vom Volk getrennt und diente zunächst der kaiserlichen Tafel. Vor den Augen der Majestäten, die sich hierzu in ihrem Ornat am Fenster zeigten, spielte sich nun folgendes seltsame Schauspiel ab;

Vor allen schwang sich nun der schöne schlanke Erbmarschall auf sein Roß; er hatte das Schwert abgelegt, in seiner Rechten hielt er ein silbernes gehenkeltes Gefäß und ein Streichblech in der Linken. so ritt er in den Schranken auf den großen Haferhaufen zu, sprengte hinein, schöpfte das Gefäß übervoll, strich es ab und trug es mit großem Anstande wieder zurück. Der kaiserliche Marstall war nunmehr versorgt.

... eine Meldung, die angesichts der zahlreichen, vorher beschriebenen Pferde des kaiserlichen Marstalls einfach nicht ernst genommen werden kann. Doch es geht noch weiter.

Der Erbkämmerer ritt sodann gleichfalls auf jene Gegend zu und brachte ein Handbecken nebst Gießfaß und Handquehle zurück. Unterhaltender aber für die Zuschauer war der Erbtruchseß, der ein Stück von dem gebratnen Ochsen zu holen kam. Auch er ritt mit einer silbernen Schüssel durch die Schranken bis zu der großen Bretterküche und kam bald mit verdecktem Gericht wieder hervor, um seinen Weg nach dem Römer zu nehmen. Die Reihe traf nun den Erbschenken, der zu dem Springbrunnen ritt und Wein holte.

Für das Volk war ebenfalls gesorgt. Das folgende Schauspiel muß dem jungen Goethe von seinem hochgelegenen Platz aus wie eine „Welle" bei einem heutigen Fußballspiel erschienen sein:

So war nun auch die kaiserliche Tafel bestellt, und aller Augen warteten auf den Erbschatzmeister, der das Geld auswerfen sollte. Auch er bestieg ein schönes Roß, dem zu beiden Seiten des Sattels anstatt der Pistolenhalftern ein paar prächtige, mit dem kurpfälzischen Wappen gestickte Beutel befestigt hingen. Kaum hatte er sich in Bewegung gesetzt, als er in diese Taschen griff und rechts und links Gold- und Silbermünzen freigebig ausstreute, welche jedesmal in der Luft als ein metallner Regen gar lustig glänzten. Tausend Hände zappelten augenblicklich in der Höhe, um die Gaben aufzufangen; kaum aber waren die Münzen niedergefallen, so wühlte die Masse in sich selbst gegen den Boden und rang gewaltig um die Stücke, welche zur Erde mochten gekommen sein. Da nun diese Bewegung von beiden Seiten sich immer wiederholte, wie der Geber vorwärts ritt, so war es für die Zuschauer ein sehr belustigender Anblick. Zum Schlusse ging es am allerlebhaftesten her, als er die Beutel selbst auswarf und ein jeder noch diesen höchsten Preis zu erhaschen trachtete.

Keilerei um Ochsenkeulen

An dieser Stelle teilte sich nun wahrlich das Bild. Draußen übernahm „der Pöbel" die Herrschaft, wie Goethe feststellte. So recht zu lieben schien Goethe die Menschenmassen nicht, die da auf dem Römerplatz wogten und nun ihren Anteil an den Krönungsfeierlichkeiten bekamen.

Die Majestäten hatten sich vom Balkon zurückgezogen, und nun sollte dem Pöbel abermals ein Opfer gebracht werden, der in solchen Fällen lieber die Gaben rauben als sie gelassen und dankbar empfangen will. In rohem und derberen Zeiten herrschte der Gebrauch, den Hafer, gleich nachdem der Erbmarschall das Teil weggenommen, den Springbrunnen, nachdem der Erbschenk, die Küche, nachdem der Erbtruchseß sein Amt verrichtet, auf der Stelle preiszugeben. Diesmal aber hielt man, um alles Unglück zu verhüten, so viel es sich tun ließ, Ordnung und Maß. Doch fielen die alten schadenfrohen Späße wieder vor, daß, wenn einer einen Sack Hafer aufgepackt hatte, der andre ihm ein Loch hineinschnitt, und was dergleichen Artigkeiten mehr waren.

Zünftiges Leben war zwar eigentlich eine typisch mittelalterliche Form der Organisation von Handwerkern, doch an diesem Festtag standen die Innungen wieder auf dem Plan. Und beide hatten zahlreiche sehr kräftige und tüchtige Mitglieder ...

Um den gebratnen Ochsen aber wurde diesmal wie sonst ein ernste-rer Kampf geführt. Man konnte sich denselben nur in Masse streitig machen. Zwei Innungen, die Metzger und Weinschröter, hatten sich hergebrachtermaßen wieder so postiert, daß einer von beiden dieser ungeheure Braten zuteil werden mußte. Die Metzger glaubten das größte Recht an einen Ochsen zu haben, den sie unzerstückt in die Küche geliefert; die Weinschröter dagegen machten Anspruch, weil die Küche in der Nähe ihres zunftmäßigen Aufenthalts erbaut war und weil sie das letzte Mal obgesiegt hatten, wie denn aus dem vergitterten Giebelfenster ihres Zunft- und Versammlungshauses die Hörner jenes erbeuteten Stiers als Siegeszeichen hervorstarrend zu sehen waren. Beide zahlreichen Innungen hatten sehr kräftige und tüchtige Mitglieder; wer aber diesmal den Sieg davongetragen, ist mir nicht mehr erinnerlich.

Natürlich blieb in der allgemeinen Keilerei, die mit dem Austeilen der Münzen begonnen hatte, auch die Küche nicht verschont. Und hier spürt man, was für zwiespältige Gefühle das rohe Treiben der losgelassenen Menschenmasse in Goethe auslöste:

Wie nun aber eine Feierlichkeit dieser Art mit etwas Gefährlichern und Schreckhaften schließen soll, so war es wirklich ein fürchterlicher Augenblick, als die bretterne Küche selbst preisgemacht wurde. Das Dach derselben wimmelte sogleich von Menschen, ohne daß man wußte, wie sie hinaufgekommen; die Bretter wurden losgerissen und heruntergestürzt, so daß man, besonders in der Ferne, denken mußte, ein jedes werde ein paar der Zudringenden totschlagen. In einem Nu war die Hütte abgedeckt, und einzelne Menschen hingen an Sparren und Balken, um auch diese aus den Fugen zu reißen; ja manche schwebten noch oben herum, als schon unten die Pfosten abgesägt waren, das Gerippe hin und wider schwankte und jähen Einsturz drohte. Zarte Personen wandten die Augen hinweg, und jedermann erwartete sich ein großes Unglück; allein man hörte nicht einmal von irgendeiner Beschädigung, und alles war, obgleich heftig und gewaltsam, doch glücklich vorübergegangen.

Festmahl vor leeren Tischen

Auf dem zweiten Schauplatz spielt sich ein ganz anderes Treiben ab, und dorthin zieht es den Fünfzehnjährigen in seiner Festtagstracht. Und was heute an Security Checks scheitern würde, gelang Goethe damals ganz mühelos: in den Festsaal zu kommen , in dem die Majestäten tafelten.. Allerdings mußte er dafür auch ein wenig arbeiten.

Jedermann wußte nun, daß Kaiser und König aus dem Kabinett, wohin sie vom Balkon abgetreten, sich wieder hervorbegeben und in dem großen Römersaale speisen würden. Man hatte die Anstalten dazu tags vorher bewundern können, und mein sehnlichster Wunsch war, heute womöglich nur einen Blick hinein zu tun. Ich begab mich daher auf gewohnten Pfaden wieder an die große Treppe, welcher die Türe des Saals gerade gegenüber steht. Hier staunte ich nun die vornehmen Personen an, welche sich heute als Diener des Reichsober-hauptes bekannten. Vierundvierzig Grafen, die Speisen aus der Küche herantragend, zogen an mir vorbei, alle prächtig gekleidet, so daß der Kontrast ihres Anstandes mit der Handlung für einen Knaben wohl sinnverwirrend sein konnte. Das Gedränge war nicht groß, doch wegen des kleinen Raums merklich genug. Die Saaltüre war bewacht, indes gingen die Befugten häufig aus und ein. Ich erblickte einen pfälzischen Hausoffizianten, den ich anredete, ob er mich nicht mit hineinbringen könne. Er besann sich nicht lange, gab mir eins der silbernen Gefäße, die er eben trug, welches er um so eher konnte, als ich sauber gekleidet war; und so gelangte ich denn in das Heiligtum. Das pfälzische Büfett stand links, unmittelbar an der Türe, und mit einigen Schritten befand ich mich auf der Erhöhung desselben hinter den Schranken.

Der Anblick, der sich Goethe hier bietet, muß bizarr gewesen sein. Der riesige Römersaal voller gedeckter Tische, an denen gezählte fünf Personen saßen und tafelten.

Am andern Ende des Saals, unmittelbar an den Fenstern, saßen auf Thronstufen erhöht, unter Baldachinen, Kaiser und König in ihren Ornaten; Krone und Szepter aber lagen auf goldnen Kissen rückwärts in einiger Entfernung. Die drei geistlichen Kurfürsten hatten, ihre Büfette hinter sich, auf einzelnen Estraden Platz genommen: Kur-Mainz den Majestäten gegenüber, Kur-Trier zur Rechten und Kur-Köln zur Linken. Dieser obere Teil des Saals war würdig und erfreulich anzusehen und erregte die Bemerkung, daß die Geistlichkeit sich so lange als möglich mit dem Herrscher halten mag.

Alle anderen Tische waren nicht besetzt.

Dagegen ließen die zwar prächtig aufgeputzten, aber herrenleeren Büfette und Tische der sämtlichen weltlichen Kurfürsten an das Mißverhältnis denken, welches zwischen ihnen und dem Reichsoberhaupt durch Jahrhunderte allmählich entstanden war. Die Gesandten derselben hatten sich schon entfernt, um in einem Seitenzimmer zu speisen; und wenn dadurch der größte Teil des Saales ein gespensterhaftes Ansehn bekam, daß so viele unsichtbare Gäste auf das prächtigste bedient wurden, so war eine große unbesetzte Tafel in der Mitte noch trüber anzusehen: denn hier standen auch so viele Kuverte leer, weil alle die, welche allenfalls ein Recht hatten, sich daran zu setzen, anstandshalber, um an dem größten Ehrentag ihrer Ehre nichts zu vergeben, ausblieben, wenn sie sich auch dermalen in der Stadt befanden.

Viele Betrachtungen anzustellen erlaubten mir weder meine Jahre noch das Gedräng der Gegenwart. Ich bemühte mich, alles möglichst ins Auge zu fassen, und wie der Nachtisch aufgetragen wurde, da die Gesandten, um ihren Hof zu machen, wieder hereintraten, suchte ich das Freie …

Dies war übrigens der letzte ausführliche Bericht, den Goethe von den Krönungsfeierlichkeiten geben konnte. Denn in der folgenden Nacht kam heraus, daß die Dame seines jungen Herzens – ein gewisses Gretchen – ihn in schlechte Gesellschaft gebracht hat, ihre Freunde festgenommen worden waren und auch Goethe verhört werden sollte. Schlimmer als dies war für den Jugendlichen die Tatsache, daß er seine Angebetete nie wieder sehen sollte. Woraufhin er sich höchst ausgiebig in Liebeskummer erging und keinerlei Interesse mehr für die Zurschaustellung der Reichsinsignien, die öffentliche Tafel des Kaisers und Königs oder selbst die Abreise der Kurfürsten und des Kaisers aufbrachte.

Marie Antoinette

Goethe begann bekanntlich in Leipzig zu studieren, und zwar Philosophie und Juristerei, wie er es seinen Faust später sagen läßt. Dort wurden zu Semesterende die Faschingskrapfen so viel interessanter als die Vorlesungen, daß sich im kalten Wetter auf mysteriöse Weise sogar seine Kolleghefte auflösten ... Nach drei Jahren erkrankte Goethe schwer und mußte nach Frankfurt zurückkehren, um sich pflegen zu lassen.

Anschließend studierte er in Straßburg weiter – mit den besten Vorsätzen. Doch immer wieder gibt es etwas Interessantes, das ihn ablenkt.

Beim Eintritt des zweiten Semesters besuchte ich daher Chemie bei Spielmann, Anatomie bei Lobstein, und nahm mir vor, recht fleißig zu sein, weil ich bei unserer Sozietät durch meine wunderlichen Vor- oder vielmehr Überkenntnisse schon einiges Ansehen und Zutrauen erworben hatte. Doch es war an dieser Zerstreuung und Zerstückelung meiner Studien nicht genug, sie sollten abermals bedeutend gestört werden: denn eine merkwürdige Staatsbegebenheit setzte alles in Bewegung und verschaffte uns eine ziemliche Reihe Feiertage. Mane Antoinette, Erzherzogin von Österreich, Königin von Frankreich, sollte auf ihrem Wege nach Paris über Straßburg gehen.

Fünfzehn Jahre alt war die jüngste Tochter Maria Theresias, als sie von Wien nach Versailles fuhr, um mit Ludwig XVI. vermählt zu werden. Von ihrem Aufenthalt in Straßburg erzählt man sich folgende Anekdote: Der Bürgermeister von Straßburg begrüßte die junge Königin mit einer feierlichen Ansprache auf deutsch. Sie unterbrach ihn. „Reden Sie nicht weiter“, bat sie. „Von heute an will ich keine andere Sprache mehr hören als Französisch.“

Die Feierlichkeiten, durch welche das Volk aufmerksam gemacht wird, daß es Große in der Welt gibt,

... eine Formulierung, die auch nicht frei von einer gewissen boshaften Ironie zu sein scheint ...

wurden emsig und häufig vorbereitet, und mir besonders war dabei das Gebäude merkwürdig, das zu ihrem Empfang und zur Übergabe in die Hände der Abgesandten ihres Gemahls auf einer Rheininsel zwischen den beiden Brücken aufgerichtet stand. Es war nur wenig über den Boden erhoben, hatte in der Mitte einen großen Saal, an beiden Seiten kleinere, dann folgten andere Zimmer, die sich noch etwas hinterwärts erstreckten; genug, es hätte, dauerhafter gebaut, gar wohl für ein Lusthaus hoher Personen gelten können.

Natürlich fand Goethe auch hier Mittel und Wege, hineinzukommen. Und im Innern fand er nun, der eigentlich ja überhaupt nicht Abergläubisch war, ein gar schreckliches Omen für die junge Ehe vor:

Höchst erfreulich und erquicklich fand ich diese Nebensäle, desto schrecklicher aber den Hauptsaal. Diesen hatte man mit viel größern, glänzendern, reichern und von gedrängten Zieraten umgebenen Hautelissen behängt, die nach Gemälden neuerer Franzosen gewirkt waren.

Nun hätte ich mich wohl auch mit dieser Manier befreundet, weil meine Empfindung wie mein Urteil nicht leicht etwas völlig ausschloß; aber äußerst empörte mich der Gegenstand. Diese Bilder enthielten die Geschichte von Jason, Medea und Kreusa und also ein Beispiel der unglücklichsten Heirat.

Jason war in erster Ehe mit der Zauberin Medea verheiratet. Dann wollte er Kreusa heiraten, und zum Schein willigte Medea in die Scheidung ein. Sie schenkte Kreusa jedoch zur Hochzeit ein Gewand, das an ihrer Haut kleben blieb und sie qualvoll verbrennen ließ. Außerdem tötete Medea ihre und Jasons Söhne und lieferte die Leichen dem Vater zur Hochzeit.

Zur Linken des Throns sah man die mit dem grausamsten Tode ringende Braut, umgeben von jammervollen Teilnehmenden; zur Rechten entsetzte sich der Vater über die ermordeten Kinder zu seinen Füßen, während die Furie auf dem Drachenwagen in die Luft zog. Und damit ja dem Grausamen und Abscheulichen nicht auch ein Abgeschmacktes fehle, so ringelte sich, hinter dem roten Samt des goldgestickten Thronrückens, rechter Hand der weiße Schweif jenes Zauberstiers hervor, inzwischen die feuerspeiende Bestie selbst und der sie bekämpfende Jason von jener kostbaren Draperie gänzlich bedeckt waren.

Diese Anordnung der Kartons fand Goethe völlig verwerflich, und er scheute sich nicht, seiner Ansicht auch lautstark Ausdruck zu verleihen.

Daß man Christum und die Apostel in die Seitensäle eines Hochzeitsgebäudes gebracht, war schon ohne Wahl und Einsicht geschehen, und ohne Zweifel hatte das Maß der Zimmer den königlichen

Teppichverwahrer geleitet; allein das verzieh ich gern, weil es mir zu so großem Vorteil gereichte: nun aber ein Mißgriff, wie der im großen Saale, brachte mich ganz aus der Fassung, und ich forderte, lebhaft und heftig, meine Gefährten zu Zeugen auf eines solchen Verbrechens gegen Geschmack und Gefühl. – Was! rief ich aus, ohne mich um die Umstehenden zu bekümmern: ist es erlaubt, einer jungen Königin das Beispiel der gräßlichsten Hochzeit, die vielleicht jemals vollzogen worden, bei dem ersten Schritt in ihr Land so unbesonnen vors Auge zu bringen! Gibt es denn unter den französischen Architekten, Dekorateuren, Tapezierern gar keinen Menschen, der begreift, daß Bilder etwas vorstellen, daß Bilder auf Sinn und Gefühl wirken, daß sie Eindrücke machen, daß sie Ahndungen erregen! Ist es doch nicht anders, als hätte man dieser schönen und, wie man hört, lebenslustigen Dame das abscheulichste Gespenst bis an die Grenze entgegengeschickt.

Die Reaktion seiner Begleiter war verblüffend. Zunächst versuchten sie nur, Goethe zu beruhigen und aus dem Gebäude zu schaffen. Dann aber gingen sie auf seine Argumente auch ein.

Ich weiß nicht, was ich noch alles weiter sagte; genug, meine Gefährten suchten mich zu beschwichtigen und aus dem Hause zu schaffen, damit es nicht Verdruß setzen möchte. Alsdann versicherten sie mir, es wäre nicht jedermanns Sache, Bedeutung in den Bildern zu suchen; ihnen wenigstens wäre nichts dabei eingefallen, und auf dergleichen Grillen würde die ganze Population Straßburgs und der Gegend, wie sie auch herbeiströmen sollte, so wenig als die Königin selbst mit ihrem Hofe jemals geraten.

Auch Marie Antoinette selbst bekam Goethe zu Gesicht. Schließlich reiste sie ja in einer gläsernen Kutsche.

Der schönen und vornehmen, so heitren als imposanten Miene dieser jungen Dame erinnere ich mich noch recht wohl. Sie schien, in ihrem Glaswagen uns allen vollkommen sichtbar, mit ihren Begleiterinnen in vertraulicher Unterhaltung über die Menge, die ihrem Zug entgegenströmte, zu scherzen. Abends zogen wir durch die Straßen, um die verschiedenen illuminierten Gebäude, besonders aber den brennenden Gipfel des Münsters zu sehen, an dem wir, sowohl in der Nähe als in der Ferne, unsere Augen nicht genugsam weiden konnten.

Das brennende Münster wird nicht etwa ein Raub der Flammen, sondern Goethe meint mit dieser Formulierung, daß es abends beleuchtet war.

Auch hier gab es Sicherheitsvorkehrungen. Sie schienen jedoch mehr auf das empfindsame Gemüt als auf eine tatsächliche körperliche Bedrohung ausgerichtet zu sein und erregten prompt Goethes Spott.

Vor Ankunft der Königin hatte man die ganz vernünftige Anordnung gemacht, daß sich keine mißgestalteten Personen, keine Krüppel und ekelhafte Kranke auf ihrem Wege zeigen sollten. Man scherzte hierüber, und ich machte ein kleines französisches Gedicht, worin ich die Ankunft Christi, welcher besonders der Kranken und Lahmen wegen auf der Welt zu wandeln schien, und die Ankunft der Königin, welche diese Unglücklichen verscheuchte, in Vergleichung brachte.

Das schlechte Vorzeichen der unschicklichen Teppiche sah Goethe bald darauf erfüllt:

Kaum erscholl aus der Hauptstadt die Nachricht von der glücklichen Ankunft der Königin, als eine Schreckenspost ihr folgte: bei dem festlichen Feuerwerke sei, durch ein Polizeiversehen, in einer von

Baumaterialien versperrten Straße eine Unzahl Menschen mit Pferden und Wagen zugrunde gegangen und die Stadt bei diesen Hochzeitsfeierlichkeiten in Trauer und Leid versetzt worden. Die Größe des Unglücks suchte man sowohl dem jungen königlichen Paare als der Welt zu verbergen, indem man die umgekommenen Personen heimlich begrub, so daß viele Familien nur durch das völlige Außenbleiben der Ihrigen überzeugt wurden, daß auch diese von dem schrecklichen Ereignis mit hingerafft seien.

Daß mir lebhaft bei dieser Gelegenheit jene gräßlichen Bilder des Hauptsaales wieder vor die Seele traten, brauche ich kaum zu erwähnen: denn jedem ist bekannt, wie mächtig gewisse sittliche Eindrücke sind, wenn sie sich an sinnlichen gleichsam verkörpern.

Gottscheds Allongeperücke

Gemeinsam mit einem Freund besucht Goethe in Leipzig den Dichter Johann Christoph Gottsched. Dieser war ein hochgewachsener Mann und daher mit 24 Jahren aus Furcht vor den Werbern des Soldatenkönigs aus Preußen nach Leipzig geflohen.

Er vertrat eine Erneuerung der deutschen Literatur nach französischem Vorbild. Und nach dem französischem Vorbild der ersten Jahrhunderthälfte kleidete er sich auch.

Unsern Besuch bei Gottsched darf ich nicht übergehen, indem die Sinnes- und Sittenweise dieses Mannes daraus hervortritt. Er wohnte sehr anständig in dem ersten Stock des Goldenen Bären, wo ihm der ältere Breitkopf, wegen des großen Vorteils, den die Gottschedischen Schriften, Übersetzungen und sonstigen Assistenzen der Handlung gebracht, eine lebenslängliche Wohnung zugesagt hatte.

Gottscheds Diener ließ die beiden Bewunderer des großen Literaten ein, doch irgendwie kam es zu einem Mißverständnis.

Wir ließen uns melden. Der Bediente führte uns in ein großes Zimmer, indem er sagte, der Herr werde gleich kommen. Ob wir nun eine Gebärde, die er machte, nicht recht verstanden, wüßte ich nicht zu sagen; genug, wir glaubten, er habe uns in das anstoßende Zimmer gewiesen. Wir traten hinein zu einer sonderbaren Szene: denn in dem Augenblick trat Gottsched, der große, breite, riesenhafte Mann, in einem gründamastnen, mit rotem Taft gefütterten Schlafrock zur entgegengesetzten Türe herein; aber sein ungeheures Haupt war kahl und ohne Bedeckung. Dafür sollte jedoch sogleich gesorgt sein: denn der Bediente sprang mit einer großen Allongeperücke auf der Hand (die Locken fielen bis an den Ellenbogen) zu einer Seitentüre herein und reichte den Hauptschmuck seinem Herrn mit erschrockner Gebärde. Gottsched, ohne den mindesten Verdruß zu äußern, hob mit der linken Hand die Perücke von dem Arme des Dieners, und indem er sie sehr geschickt auf den Kopf schwang, gab er mit seiner rechten Tatze dem armen Menschen eine Ohrfeige, so daß dieser, wie es im Lustspiel zu geschehen pflegt, sich zur Türe hinauswirbelte, worauf der ansehnliche Altvater uns ganz gravitätisch zu sitzen nötigte und einen ziemlich langen Diskurs mit gutem Anstand durchführte.

Die Vereinigten Staaten

Amerika, du hast es besser
Als unser Kontinent, das alte,
Hast keine verfallenen Schlösser
Und keine Basalte.
Dich stört nicht im Innern,
Zu lebendiger Zeit,
Unnützes Erinnern
Und vergeblicher Streit.

Benutzt die Gegenwart mit Glück!
Und wenn nun eure Kinder dichten,
Bewahre sie ein gut Geschick
Vor Ritter-, Räuber- und Gespenstergeschichten.

Amerika war für Goethe ein Hoffnungsträger. Den Unabhängigkeitskrieg der Nordamerikaner gegen die Briten erlebte er als junger Mann mit, und er muß wohl einmal mit Freunden mit dem Gedanken gespielt haben, nach Amerika auszuwandern – in das Land der unbegrenzten Möglichkeiten. 1819 verfaßt er den Stoßseufzer:

Wären wir zwanzig Jahre jünger ..., so segelten wir noch nach Amerika.

Doch eigentlich ist Goethe ganz zufrieden, daß er in Deutschland geblieben war. Bereits vier Jahre vorher formulierte er:

Was möchte daraus geworden sein, wenn ich mit wenigen Freunden vor dreißig Jahren nach Amerika gegangen wäre und von Kant usw. nichts gehört hätte?

Die Beziehung zwischen Europa und Amerika ist für Goethe jedoch noch ganz klar definiert:

Amerikanerin nennst du das Töchterchen, alter Phantaste;
Glücklicher! hast du sie nicht hier in Europa gemacht?

Italien

Ein sehrwichtiges Erlebnis war für Goethe die erste Reise nach Italien. Er hat aus dem Briefen, die er an seine Freunde schrieb, und aus seinem Reisetagebuch rückblickend eine Reisebeschreibung zusammengestellt, die es verdiente, häufiger gelesen zu werden.

In der Abendkühle ging ich spazieren und befinde mich nun wirklich in einem neuen Lande, in einer ganz fremden Umgebung. Die Menschen leben ein nachlässiges Schlaraffenleben:

Erstlich haben die Türen keine Schlösser; der Wirt versicherte mir, ich könne ganz ruhig sein, und wenn alles, was ich bei mir hätte, aus Diamanten bestünde; zweitens sind die Fenster mit Ölpapier statt Glasscheiben geschlossen; drittens fehlt eine höchst nötige Bequemlichkeit, so daß man dem Naturzustande hier ziemlich nahe kommt …

Neapel

Neapel war damals wie heute dicht besiedelt, die Bewohner standen damals wie heute im Ruf, faul zu sein, da sie oft im Freien herumstanden und nicht in einem Büro oder einer Fabrik stumpfsinniger Arbeit nachgingen. Auch mit diesem Vorurteil sollte sich Goethe eingehend befassen. Doch zunächst näherte er sich der Stadt am Vesuv mit dem Kommentar:

Neapel kündigt sich froh, frei und lebhaft an, unzählige Menschen rennen durcheinander, der König ist auf der Jagd, die Königin guter Hoffnung, und so kann's nicht besser gehn.

Der König, das war Ferdinand IV. von Neapel-Sizilien. Er war ein verwöhnter, ungehobelter Klotz, an Staatsgeschäften nicht besonders interessiert, ging lieber auf die Jagd und überließ die Regierung seinen Ministern, die noch von seinem Vater, dem spanischen König Karl III., eingesetzt worden waren. Die Königin, das war Maria Karolina oder Marie Charlotte, das 13. Kind von Maria Theresia. Sie war energisch wie ihre Mutter, wollte das Land reformieren, vergriff sich allerdings in der Wahl ihrer Minister und erntete mehr Kritik als Anerkennung. Da sie insgesamt 17 Kinder gebar, trifft Goethes Schilderung der Situation in Neapel mit hoher Wahrscheinlichkeit zu.

Neapel, Montag, den 26. Februar. „Alla Locanda del Sgr. Moriconi al Largo del Castello".

Unter dieser ebenso heiter als prächtig klingenden Aufschrift würden uns Briefe aus allen vier Teilen der Welt nunmehr auffinden. In der Gegend des am Meere liegenden großen Kastells erstreckt sich eine große Weitung, die man, obgleich von allen vier Seiten mit Häusern umgeben, nicht Platz, sondern Weite *(largo)* genannt hat, wahrscheinlicherweise von den ersten Zeiten her, da dieses noch ein unbegrenztes Feld war. Hier nun tritt an der einen Seite ein großes Eckhaus herein, und wir faßten Fuß in einem geräumigen Ecksaale, der einen freien und frohen Überblick über die immer bewegte Fläche gewährt. Ein eiserner Balkon zieht sich außen an mehrern Fenstern vorbei, selbst um die Ecke hin. Man würde davon nicht wegkommen, wenn der scharfe Wind nicht äußerst fühlbar wäre.

Der Nachteil dieser wunderschön dekorierten Unterkunft war: Sie war nicht auf winterliche Temperaturen eingerichtet.

Der Saal ist munter dekoriert, besonders aber die Decke, deren Arabesken in hundert Abteilungen schon die Nähe von Pompeji und Herculanum verkünden. Das wäre nun alles schön und gut, aber keine Feuerstätte, kein Kamin ist zu bemerken, und der Februar übt denn doch auch hier seine Rechte. Ich sehnte mich nach einiger Erwärmng.

Nicht nur die Dekoration des Raumes zeigte die Nähe der antiken Vesuvstädte, die damals ausgegraben wurden. Auch die Form der provisorischen Heizung hat durchaus antike Züge.

Man brachte mir einen Dreifuß, von der Erde dergestalt erhöht, daß man die Hände bequem drüber halten konnte. Auf demselben war ein flaches Becken befestigt, dieses enthielt ganz zarte glühende Kohlen, gar glatt mit Asche bedeckt. Hier gilt es nun haushältig sein, wie wir es in Rom schon gelernt. Mit dem Ohr eines Schlüssels zieht man von Zeit zu Zeit die oberflächliche Asche behutsam weg, so daß von den Kohlen wieder etwas an die freie Luft gelange. Wollte man jedoch ungeduldig die Glut aufwühlen, so würde man einen Augenblick größere Wärme spüren, aber sehr bald die ganze Glut erschöpft haben, da denn das Becken abermals gegen Erlegung einer gewissen Summe zu füllen wäre.

Diese Art der Heizung wärmt zwar die Hände, wenn man sie darüberhält, der Raum war trotzdem eisig kalt, und Goethe fror weiter. Also zog er sich das wärmste Kleidungsstück an, das in seinem Gepäck war – und das hatte mit der aktuellen Mode nichts zu tun.

Eine Schilfmatte diente gegen die Einflüsse des Estrichs; Pelze sind nicht gewöhnlich, und ich entschloß mich, eine Schifferkutte, die wir aus Scherz mitgenommen hatten, anzuziehen, die mir gute Dienste leistete, besonders nachdem ich sie mit einem Kofferstrick um den Leib befestigt hatte, da ich mir denn als Mittelding zwischen Matrosen und Kapuziner sehr komisch vorkommen mußte. Tischbein, der von Besuchen bei Freunden zurückkehrte, konnte sich des Lachens nicht enthalten.

Die Frage der Nichtstuer beschäftigte Goethe durchaus. In dem verbreitetsten Reiseführer über Italien hatte er die Nachricht gefunden, es gebe in Neapel zwischen dreißig- und vierzigtausend müßige Leute, welche keine bestimmten Geschäfte haben, und auch nicht verlangen. Das interessierte Goethe sehr.

Ich konnte zu Neapel zwar sehr viele übel gekleidete Menschen bemerken, aber keine unbeschäftigte. Ich fragte deswegen einige Freunde nach den 40.000 Müßiggängern, welche ich doch wollte kennenlernen; sie konnten mir solche ebensowenig zeigen, und so ging ich, weil diese Untersuchung mit der Betrachtung der Stadt genau zusammenhing, selbst auf die Jagd aus.

Und nun fing Goethe an, die Neapolitaner zu beobachten und zu studieren. Das einzige, was er dabei nicht fand, waren Müßiggänger.

Ich fing an, mich in dem ungeheuren Gewirre mit den verschiedenen Figuren bekanntzumachen, sie nach ihrer Kleidung, Gestalt, Betragen, Beschäftigung zu beurteilen, und zu klassifizieren. …

Ich fing meine Beobachtung bei früher Tageszeit an, und alle die Menschen, die ich hie und da stille stehen oder ruhen fand, waren

Leute, deren Beruf es in dem Augenblick mit sich brachte; die Lastträger, die an verschiedenen Plätzen ihre privilegierten Stände haben, und nur erwarten, bis sich jemand ihrer bedienen will; Schiffer, die auf dem Mob ihre Pfeife rauchen; Fischer, die an der Sonne liegen, weil vielleicht ein ungünstiger Wind weht, der ihnen auf das Meer auszufahren verbietet …

Ich sah auch wohl noch manche hin- und wiedergehen, doch trug meist ein jeder ein Zeichen seiner Tätigkeit mit sich. Von Bettlern war keiner zu bemerken, als ganz alte, völlig unfähige und krüppelhafte Menschen. Je mehr ich mich umsah, je genauer ich beobachtete, desto weniger konnte ich weder von der geringen, noch von der mittlern Klasse, weder am Morgen, noch den größten Teil des Tages, ja von keinem Alter und Geschlecht, eigentliche Müßiggänger finden.

Stattdessen beobachtet Goethe selbst bei kleinen Kindern eine erstaunliche Betriebs- und Geschäftstüchtigkeit:

Die kleinsten Kinder, sind auf mancherlei Weise beschäftigt. Ein großer Teil derselben trägt Fische zum Verkauf von Santa Lucia in die Stadt; andere sieht man sehr oft in der Gegend des Arsenals, oder wo sonst etwas gezimmert wird wobei es Späne gibt, auch am Meere, welches Reiser und kleines Holz auswirft, beschäftigt, sogar die kleinsten Stückchen in Körbchen aufzulesen. Kinder von einigen Jahren, die nur auf der Erde so hinkriechen, in Gesellschaft älterer Knaben von fünf bis sechs Jahren, beschäftigen sich mit diesem kleinen Gewerbe. Sie gehen nachher mit den Körbchen tiefer in die Stadt, und setzen sich mit ihren kleinen Holzportionen gleichsam zu Markte.

Goethe beschreibt noch einige weitere Gruppen von scheinbaren Herumlungerern, zum Beispiel die „Herumträger", die mit Tabletts, Backwerk oder Eiswasser und Zitronen herumgehen, um ihre Produkte anzubieten. Doch Nichtstuer?

Schließlich faßt er das Ende seiner Beobachtungen wie folgt zusammen:

Es ist wahr, man tut nur wenig Schritte, ohne einem sehr übelgekleideten, ja sogar einem zerlumpten Menschen zu begegnen; aber dieser ist deswegen noch kein Faulenzer, kein Tagedieb! Ja ich möchte fast das Paradoxon aufstellen, daß zu Neapel, verhältnismäßig, vielleicht noch die meiste Industrie in der ganz niedern Klasse zu finden sei.

Venedig

Goethes Venezianische Epigramme haben wir schon kennengelernt, wo es um handfeste Bemerkungen zum Thema Liebe ging. Doch auch über Venedig enthalten sie einige höchst bissige Bemerkungen:

Immer hab ich dich, heilige Sonne, mit Freude verehret,
Wenn du aus trübem Gewölk oder nach Nebel mir kamst;
Niemals aber so fröhlich als im venetischen Pfuhle,
Wenn du nach Regen erscheinst, freudig die Gondel dir dampft.

Sankt Johannes im Kot heißt jene Kirche; Venedig
Nenn ich mit doppeltem Recht heute Sankt Markus im Kot.

Hast du Bajä gesehn, so kennst du das Meer und die Fische.
Hier ist Venedig; du kennst nun auch den Pfuhl und den Frosch.

Unglückselige Frösche, die ihr Venedig bewohnet!
Springt ihr zum Wasser heraus, springt ihr auf hartes Gestein.

Karnevalstreiben

Dem Römischen Karneval hat Goethe einen eigenen kleinen Band gewidmet.

Im wesentlichen spielte sich das Treiben auf der überfüllten Via del Corso ab, wo als Höhepunkt des Abends ungesattelte Pferde ohne Reiter um die Wette von der Piazza del Popolo die Straße entlang zur Piazza Venezia stürmten.

Wer Goethes Abneigung gegen unkontrollierbare Menschenmassen kennt, weiß, was er gelitten haben muß, allein dies zu erleben. Die folgende Szene dürfte ihm mehr Vergnügen bereitet haben, zumal sie sich abseits der großen Menge abspielte.

Das entsetzliche Gedränge, das wir unsern Lesern so viel als möglich zu vergegenwärtigen gesucht haben, zwingt natürlicherweise eine Menge Masken aus dem Corso hinaus in die benachbarten Straßen. Da gehen verliebte Paare ruhiger und vertrauter zusammen, da finden lustige Gesellen Platz, allerlei tolle Schauspiele vorzustellen.

Eine Gesellschaft Männer in der Sonntagstracht des gemeinen Volkes, in kurzen Wämsern mit goldbesetzten Westen darunter, die Haare in ein lang herunterhängendes Netz gebunden, gehen mit jungen Leuten, die sich als Weiber verkleidet haben, hin und wider spazieren. Eine von den Frauen scheint hochschwanger zu sein, sie gehen friedlich auf und nieder. Auf einmal entzweien sich die Männer, es entstehet ein lebhafter Wortwechsel, die Frauen mischen sich hinein, der Handel wird immer ärger, endlich ziehen die Streitenden große Messer von versilberter Pappe und fallen einander an. Die Weiber halten sie mit gräßlichem Geschrei auseinander, man zieht den einen da-, den andern dorthin, die Umstehenden nehmen teil, als wenn es Ernst wäre, man sucht jede Partei zu besänftigen.

Indessen befindet sich die hochschwangere Frau durch den Schrecken übel; es wird ein Stuhl herbeigebracht, die übrigen Weiber stehen ihr bei, sie gebärdet sich jämmerlich, und ehe man sichs versieht, bringt sie zu großer Erlustigung der Umstehenden irgendeine unförmliche Gestalt zur Welt. Das Stück ist aus, und die Truppe zieht weiter, um dasselbe oder ein ähnliches Stück an einem andern Platze vorzustellen.

Briten

Die Engländer waren im 18. Jahrhundert überall zu finden. Die Grand Tour gehörte zur Bildung eines jungen Mannes von Stand. Und so machten sie Italien, Frankreich und Griechenland unsicher. – Die folgende Bemerkung stammt von Mephisto, und er macht sie auf der klassischen Walpurgisnacht.

Sind Briten hier? Sie reisen sonst so viel,
Schlachtfeldern nachzuspüren, Wasserfällen,
Gestürzten Mauern, klassisch dumpfen Stellen;
Das wäre hier für sie ein würdig Ziel.

5

Der kinderliebende Goethe

Die Welt der Kinder

In seinem Werther schildert Goethe Werthers erste Begegnung mit Lotte. Die Kinder sind dabei ganz wichtig.

Unsere jungen Leute hatten einen Ball auf dem Lande angestellt, zu dem ich mich denn auch willig finden ließ. Ich bot einem hiesigen guten, schönen, übrigens unbedeutenden Mädchen die Hand, und es wurde ausgemacht, daß ich eine Kutsche nehmen, mit meiner Tänzerin und ihrer Base nach dem Orte der Lustbarkeit hinausfahren und auf dem Wege Charlotten mitnehmen sollte. Sie werden ein schönes Frauenzimmer kennen lernen, sagte meine Gesellschafterin, da wir durch den weiten ausgehauenen Wald nach dem Jagdhause fuhren. – Nehmen Sie sich in acht, versetzte die Base, daß Sie sich nicht verlieben! – Wie so? sagte ich. – Sie ist schon vergeben, antwortete jene, an einen sehr braven Mann, der weggereist ist, seine Sachen in Ordnung zu bringen, weil sein Vater gestorben ist, und sich um einen ansehnliche Versorgung zu bewerben. – Die Nachricht war mir ziemlich gleichgültig.

Ich war ausgestiegen, und eine Magd, die ans Tor kam, bat uns, einen Augenblick zu verzeihen, Mamsell Lottchen würde gleich kommen. Ich ging durch den Hof nach dem wohlgebauten Hause, und da ich die vorliegenden Treppen hinaufgestiegen war und in die Tür trat, fiel mir das reizendste Schauspiel in die Augen, das ich je gesehen habe. In dem Vorsaale wimmelten sechs Kinder, von elf zu zwei Jahren, um ein Mädchen von schöner Gestalt, mittlerer Größe, die ein simples weißes Kleid, mit blaßroten Schleifen an Arm und Brust, anhatte. Sie hielt ein schwarzes Brot und schnitt ihren Kleinen

ringsherum jedem sein Stück nach Proportionen ihres Alters und Appetits ab, gab's jedem mit solcher Freundlichkeit, und jedes rufte so ungekünstelt sein: Danke! indem es mit den kleinen Händchen lange in die Höhe gereicht hatte, ehe es noch abgeschnitten war, und nun mit seinem Abendbrote vergnügt entweder wegsprang, oder nach seinem stillem Charakter gelassen davonging nach dem Hoftore zu, um die Fremden und die Kutsche zu sehen, darinnen ihre Lotte wegfahren sollte. – Ich bitte um Vergebung, sagte sie, daß ich Sie hereinbemühe und die Frauenzimmer warten lasse. Über dem Anziehen und allerlei Bestellungen fürs Haus in meiner Abwesenheit habe ich vergessen, meinen Kindern ihr Vesperbrot zu geben, und sie wollen von niemanden Brot geschnitten haben als von mir.

Ich machte ihr ein unbedeutendes Kompliment, meine ganze Seele ruhte auf der Gestalt, dem Tone, dem Betragen, und ich hatte eben Zeit, mich von der Überraschung zu erholen, als sie in die Stube lief, ihre Handschuhe und den Fächer zu holen. Die Kleinen sahen mich in einiger Entfernung so von der Seite an, und ich ging auf das jüngste, das ein Kind von der glücklichsten Gesichtsbildung war. Es zog sich zurück, als eben Lotte zur Türe herauskam und sagte: Louis, gib dem Herrn Vetter eine Hand. – Das tat der Knabe sehr freimütig, und ich konnte mich nicht enthalten, ihn ungeachtet seines kleinen Rotznäschens herzlich zu küssen. – Vetter? sagte ich, indem ich ihr die Hand reichte, glauben Sie, daß ich des Glücks wert sei, mit Ihnen verwandt zu sein? – O, sagte sie mit einem leichtfertigen Lächeln, unsere Vetterschaft ist sehr weitläufig, und es wäre mir leid, wenn Sie der schlimmste drunter sein sollten. – Im Gehen gab sie Sophien, der ältesten Schwester nach ihr, einem Mädchen von ungefähr elf Jahren, den Auftrag, wohl auf die Kinder achtzuhaben und den Papa zu grüßen, wenn er vom Spazierritte nach Hause käme. Den Kleinen sagte sie, sie sollten ihrer Schwester Sophie folgen, als wenn sie's selber wäre, das denn auch einige ausdrücklich versprachen. Eine kleine naseweise Blondine aber, von ungefähr sechs Jahren, sagte: Du bists doch nicht, Lottchen, wir haben dich doch lieber.

Die Liebe, mit der eine junge Frau kleinere Kinder betreut, scheint Goethe fasziniert zu haben. Eine besonders nette Stelle, der Goethe viel Raum gibt, findet sich im Götz von Berlichingen. Die Situation ist folgende: Elisabeth, Götz' Frau, Maria, seine Schwester und Karl, sein Kind, warten auf seine Rückkehr:

Karl:
Ich bitte dich, liebe Tante, erzähl mir das noch einmal vom frommen Kind, 's is gar zu schön.
Maria:
Erzähl du mir's, kleiner Schelm, da will ich hören, ob du achtgibst.
Karl:
Warte bis, ich will mich bedenken. – Es war einmal – ja – es war einmal ein Kind, und seine Mutter war krank, da ging das Kind hin –
Maria:
Nicht doch. Da sagte die Mutter: Liebes Kind –
Karl:
Ich bin krank –
Maria:
Und kann nicht ausgehn –
Karl:
Und gab ihm Geld und sagte: Geh hin, und hole dir ein Frühstück. Da kam ein armer Mann –
Maria:
Das Kind ging, da begegnet ihm ein alter Mann, der war – nun, Karl!
Karl: Der war – alt –

Maria:
Freilich! der kaum mehr gehen konnte, und sagte: Liebes Kind –
Karl:
Schenk mir was, ich hab kein Brot gessen gestern und heut. Da gab ihm's Kind das Geld –
Maria:
Das für sein Frühstück sein sollte.
Karl:
Da sagte der alte Mann –
Maria:
Da nahm der alte Mann das Kind –
Karl:
Bei der Hand, und sagte – und ward ein schöner glänziger Heiliger, und sagte: – liebes Kind –
Maria:
Für deine Wohltätigkeit belohnt dich die Mutter Gottes durch mich: welchen Kranken du anrührst –
Karl:
Mit der Hand – es war die rechte, glaub ich.
Maria:
Ja.
Karl:
Der wird gleich gesund.
Maria:
Da lief das Kind nach Haus und konnt für Freuden nichts reden.
Karl:
Und fiel seiner Mutter um den Hals und weinte für Freuden –
Maria:
Da rief die Mutter: Wie ist mir! und war – nun Karl!
Karl:
Und war – und war –
Maria:
Du gibst schon nicht acht! – und war gesund. Und das Kind kurierte König und Kaiser, und wurde so reich, daß es ein großes Kloster baute.

Kindliche Gäste

Jedes Jahr veranstaltete Goethe für die Kinder seines Freundeskreises zu Ostern ein großangelegtes Eiersuchen. Eines der Kinder, das dabei war, erinnert sich:

Nach geendigtem Eiersuchen wurden die Kinder mit Backwerk, Mandelmilch, Himbeersaft und ähnlichen erfrischend Getränken bewirtet. Spiele jeder Art wurden auf der nahen Wiese und im engeren Kreis des Schneckenbezirks getrieben. Erst mit einbrechender Nacht zog die frohe Schar heim, im voraus sich auf die Wiederholung im nächsten Frühjahr freuend.

Auch seine Kinderfeste waren berühmt. Sie liefen nach ganz eigenen Regeln ab. Das Wichtigste war wohl, daß keine Eltern, Erzieher, Lehrer oder sonstige Autoritätspersonen dabei waren.

Da mußten ihm die näher Befreundeten ihre Kindlein, Mädchen und Bübchen, ohne weiteres – nicht Eltern, nicht Aufseher durften sie begleiten – anvertrauen. Es gab hauptsächlich geselligen Tanz. Goethe empfing in völliger Hofgala seine Gästchen, die er allesamt: „Ihr kleinen Menschengesichter“ zu titulieren pflegte. Er selbst eröffnet ganz feierlich den Ball mit einer der Dämchen ... Nach dieser Feierlichkeit aber ließ er dem kindlichen Getriebe freien Lauf doch so, daß er die „kleinen Menschengesichter“ als getreuer Aufseher keinen Augenblick aus den Augen verlor, ihren Tanz, ihre Genüsse bewachend, so daß keines Nachteil für Gesundheit oder

Sitte zu erleiden hatte, und dennoch allen unter dieser väterlich gastlichen Obhut unaussprechlich frei und wohl zu Sinne war, und sie auch wiederum zu rechter Zeit, gehörig abgekühlt und wohl eingepackt, heimbefördert wurden.

Goetherezeption im Kinderbuch

Apropos „Menschengesichter" – Kennen Sie Frederick, die Maus von Leo Lionni, die nicht Körner, sondern Farben, Wärme und Gerüche für den Winter sammelt? Was sagt Frederick, als ihn die Mäuse loben, er sei ja ein Dichter? „Ich weiß es – ihr lieben Mäusegesichter".

... und freute mich, daß es so lustig zerbrach

Zu Goethes frühesten eigenen Kindheitserinnerungen gehört folgende nette Geschichte. Die darin erwähnten „von Ochsenstein" waren drei gegenüber wohnende Buben, mit denen er befreundet war.

Es war eben Topfmarkt gewesen, und man hatte nicht allein die Küche für die nächste Zeit mit solchen Waren versorgt, sondern auch uns Kindern dergleichen Geschirr im kleinen zu spielender Beschäftigung eingekauft. An einem schönen Nachmittag, da alles ruhig im Hause war, trieb ich im Geräms mit meinen Schüsseln und Töpfen mein Wesen, und da weiter nichts dabei herauskommen wollte, warf ich ein Geschirr auf die Straße und freute mich, daß es so lustig zerbrach. Die von Ochsenstein, welche sahen, wie ich mich daran ergetzte, daß ich so gar fröhlich in die Händchen patschte, riefen: Noch mehr! Ich säumte nicht, sogleich einen Topf und, auf immer fortwährendes Rufen: Noch mehr! nach und nach sämtliche Schüsselchen, Tiegelchen, Kännchen gegen das Pflaster zu schleudern. Meine Nachbarn fuhren fort, ihren Beifall zu bezeigen, und ich war höchlich froh, ihnen Vergnügen zu machen. Mein Vorrat aber war aufgezehrt, und sie riefen immer: Noch mehr! Ich eilte daher stracks in die Küche und holte die irdenen Teller, welche nun freilich im Zerbrechen noch ein lustigeres Schauspiel gaben; und so lief ich hin und wider, brachte einen Teller nach dem andern, wie ich sie auf dem Topfbrett der Reihe nach erreichen konnte, und weil sich jene gar nicht zufriedengaben, so stürzte ich alles, was ich von Geschirr erschleppen konnte, in gleiches Verderben.

Hobby mit Hindernissen: Seidenwürmer

Frankfurt erfreut sich immer schon eines etwas milderen Klimas, und so widmete sich Goethes Vater einem ausgefallenen Hobby, nämlich der Seidenraupenzucht. Das war für die Kinder aber nicht immer ganz einfach, und sie haben so manches Jahr die schönsten Frühlings- und Sommerwochen mit der „Wartung der Seidenwürmer hingebracht“:

Eine besondere Liebhaberei meines Vaters machte uns Kindern viel Unbequemlichkeit. Es war nämlich die Seidenzucht, von deren Vorteil, wenn sie allgemeiner verbreitet würde, er einen großen Begriff hatte. ... In einem Mansardzimmer waren Tische und Gestelle mit Brettern aufgeschlagen, um ihnen mehr Raum und

Unterhalt zu bereiten: denn sie wuchsen schnell und waren nach der letzten Häutung so heißhungrig, daß man kaum Blätter genug herbeischaffen konnte, sie zu nähren; ja sie mußten Tag und Nacht gefüttert werden, weil eben alles darauf ankommt, daß sie der Nahrung ja nicht zu einer Zeit ermangeln, wo die große und wundersame Veränderung in ihnen vorgehen soll.

War die Witterung günstig, so konnte man freilich dieses Geschäft als eine lustige Unterhaltung ansehen; trat aber Kälte ein, daß die Maulbeerbäume litten, so machte es große Not. Noch unangenehmer aber war es, wenn in der letzten Epoche Regen einfiel: denn diese Geschöpfe können die Feuchtigkeit gar nicht vertragen; und so mußten die benetzten Blätter sorgfältig abgewischt und getrocknet werden, welches denn doch nicht immer so genau geschehen konnte, und aus dieser oder vielleicht auch einer andern Ursache kamen mancherlei Krankheiten unter die Herde, wodurch die armen Kreaturen zu Tausenden hingerafft wurden. Die daraus entstehende Fäulnis erregte einen wirklich pestartigen Geruch, und da man die Toten und Kranken wegschaffen und von den Gesunden absondern mußte, um nur einige zu retten, so war es in der Tat ein äußerst beschwerliches und widerliches Geschäft, das uns Kindern manche böse Stunde verursachte.

Das alte Haus

Daß Kinder sich im Dunkeln fürchten, ist nichts Ungewöhnliches. Heutzutage gibt es Nachtlichter in den verschiedensten Formen und Farben, oder man läßt etwas Licht vom Flur durch die geöffnete Schlafzimmertür hineinfallen, damit der Nachwuchs nicht völlig im Dunkeln schläft. Damals, vor der Efin-

dung des elektrischen Lichts und der nächtlichen Straßenbeleuchtung, war das anders. Und Goethe verbrachte seine Kindheit in einem sehr alten Haus!

Die alte, winkelhafte, an vielen Stellen düstere Beschaffenheit des Hauses war übrigens geeignet, Schauer und Furcht in kindlichen Gemütern zu erwecken. Unglücklicherweise hatte man noch die Erziehungsmaxime, den Kindern frühzeitig alle Furcht vor dem Ahndungsvollen und Unsichtbaren zu benehmen und sie an das Schauderhafte zu gewöhnen. Wir Kinder sollten daher allein schlafen.

Das aber fiel ihnen nicht immer leicht. Und nun verfielen beide Eltern auf ganz unterschiedliche Strategien, die Kinder wieder ins Bett zurück zu bekommen. Wenn sie nachts aus dem Bett kamen,

so stellte sich, in umgewandtem Schlafrock und also für uns verkleidet genug, der Vater in den Weg und schreckte uns in unsere Ruhestätte zurück. Die daraus entspringende üble Wirkung denkt sich jedermann. Wie soll derjenige die Furcht los werden, den man zwischen ein doppeltes Furchtbares einklemmt?

Meine Mutter, stets heiter und froh und andern das gleiche gönnend, erfand eine bessere pädagogische Auskunft. Sie wußte ihren Zweck durch Belohnungen zu erreichen. Es war die Zeit der Pfirschen, deren reichlichen Genuß sie uns jeden Morgen versprach, wenn wir nachts die Furcht überwunden hätten. Es gelang, und beide Teile waren zufrieden.

Umbau mit Hindernissen

Nicht nur die Familienstruktur, auch die Struktur des Hauses veränderte sich nach dem Tode der Großmutter völlig, Der Vater hatte dabei seine eigenen Vorstellungen, die für die Kinder zwischen abenteuerlich und grenzgängerisch gefährlich wurden:

Solange die Großmutter lebte, hatte mein Vater sich gehütet, nur das mindeste im Hause zu verändern oder zu erneuern; aber mar wußte wohl, daß er sich zu einem Hauptbau vorbereitete, die nunmehr auch sogleich vorgenommen wurde. In Frankfurt, wie in mehrern alten Städten, hatte man bei Aufführung hölzerner Gebäude, um Platz zu gewinnen, sich erlaubt, nicht allein mit dem ersten, sondern auch mit den folgenden Stocken überzubauen; wodurch denn freilich besonders enge Straßen etwas Düsteres und Ängstliches bekamen. Endlich ging ein Gesetz durch, daß, wer ein neues Haus von Grund auf baue, nur mit dem ersten Stock über das Fundament herausrücken dürfe, die übrigen aber senkrecht aufführen müsse. Mein Vater, um den vorspringenden Raum im zweiten Stock auch nicht aufzugeben, wenig bekümmert um äußeres architektonisches Ansehen und nur um innere gute und bequeme Einrichtung besorgt, bediente sich, wie schon mehrere vor ihm getan, der Ausflucht, die oberen Teile des Hauses zu unterstützen und von unten herauf einen nach dem andern wegzunehmen und das Neue gleichsam einzuschalten, so daß, wenn zuletzt gewissermaßen nichts von dem Alten übrig blieb, der ganz neue Bau noch immer für eine Reparatur gelten konnte.

Da nun also das Einreißen und Aufrichten allmählich geschah, so hatte mein Vater sich vorgenommen, nicht aus dem Hause zu weichen, um desto besser die Aufsicht zu führen und die Anleitung geben zu können: denn aufs Technische des Baues verstand er sich ganz gut; dabei wollte er aber auch seine Familie nicht von sich lassen. Diese neue Epoche war den Kindern sehr überraschend und sonderbar. Die Zimmer, in denen man sie oft enge genug gehalten und mit wenig erfreulichem Lernen und Arbeiten geängstigt, die Gänge, auf denen sie gespielt, die Wände, für deren Reinlichkeit und Erhaltung man sonst so sehr gesorgt, alles das vor der Hacke des Maurers, vor dem Beile des Zimmermanns fallen zu sehen, und zwar von unten herauf, und indessen oben auf unterstützten Balken gleichsam in der Luft zu schweben und dabei immer noch zu einer gewissen Lektion, zu einer bestimmten Arbeit angehalten zu werden – dieses alles brachte eine Verwirrung in den jungen Köpfen hervor, die sich so leicht nicht wieder ins gleiche setzen ließ. Doch wurde die Unbequemlichkeit von der Jugend weniger empfunden, weil ihr etwas mehr Spielraum als bisher und manche Gelegenheit, sich auf Balken zu schaukeln und auf Brettern zu schwingen, gelassen ward.

Hartnäckig setzte der Vater die erste Zeit seinen Plan durch; doch als zuletzt auch das Dach teilweise abgetragen wurde und, ohngeachtet alles übergespannten Wachstuches von abgenommenen Tapeten, der Regen bis zu unsern Betten gelangte, so entschloß er sich, obgleich ungern, die Kinder wohlwollenden Freunden, welche sich schon früher dazu erboten hatten, auf eine Zeitlang zu überlassen und sie in eine öffentliche Schule zu schicken.

Heldenhafter Raufbold

Wohl in allen Kindergruppen sind Mutproben an der Tagesordnung. Von Außenstehenden bisweilen als grausam empfunden, entsprechen sie doch einem inneren Regelsystem, und Kinder entwickeln einen ganz eigenartigen Stolz, diese Mutproben zu bestehen. Meist handelt es sich um Schläge, die man klaglos erträgt, oder Kneifereien, die man mit stoischer Ruhe ignoriert. Goethe schildert eine derartige Situation:

Der Lehrer war eine Stunde nicht gekommen; solange wir Kinder alle beisammen waren, unterhielten wir uns recht artig; als aber die mir wohlwollenden, nachdem sie lange genug gewartet, hinweggingen und ich mit drei mißwollenden allein blieb, so dachten diese mich zu quälen, zu beschämen und zu vertreiben. Sie hatten mich einen Augenblick im Zimmer verlassen und kamen mit Ruten zurück, die sie sich aus einem geschwind zerschnittenen Besen verschafft hatten. Ich merkte ihre Absicht, und weil ich das Ende der Stunde nahe glaubte, so setzte ich aus dem Stegreife bei mir fest, mich bis zum Glockenschlage nicht zu wehren. Sie fingen darauf unbarmherzig an, mir die Beine und Waden auf das grausamste zu peitschen. Ich rührte mich nicht, fühlte aber bald, daß ich mich verrechnet hatte und daß ein solcher Schmerz die Minuten sehr verlängert. Mit der Duldung wuchs meine Wut, und mit dem ersten Stundenschlag fuhr ich dem einen, der sichs am wenigsten versah, mit der Hand in die Nackenhaare und stürzte ihn augenblicklich zu Boden, indem ich mit dem Knie seinen Rücken drückte; den andern, einen jüngeren und schwächeren, der mich von hinten anfiel, zog ich bei dem Kopfe durch den Arm und erdrosselte ihn fast, indem ich ihn an mich preßte. Nun war der letzte noch übrig und nicht der schwächste, und mir blieb nur die linke Hand zu meiner Verteidigung. Allein ich ergriff ihn beim Kleide, und durch eine geschickte Wendung von meiner Seite, durch eine übereilte von seiner brachte ich ihn nieder und stieß ihn mit dem Gesicht gegen den Boden. Sie ließen es nicht an Beißen, Kratzen und Treten fehlen; aber ich hatte nur meine Rache im Sinn und in den Gliedern. In dem Vorteil, in dem ich mich befand, stieß ich sie wiederholt mit den Köpfen zusammen. Sie erhuben zuletzt ein entsetzliches Zetergeschrei, und wir sahen uns bald von allen Hausgenossen umgeben. Die umhergestreuten Ruten und meine Beine, die ich von den Strümpfen entblößte, zeugten bald für mich. Man behielt sich die Strafe vor und ließ mich aus dem Hause; ich erklärte aber, daß ich künftig bei der geringsten Beleidigung einem oder dem andern die Augen auskratzen, die Ohren abreißen, wo nicht gar ihn erdrosseln würde.

Das erste Eis: Einquartierung im Hause Goethe

Im Zuge des Siebenjährigen Krieges wird Frankfurt von den Franzosen besetzt, und die Soldaten werden in den Häusern einquartiert. Goethes Familie hatte Glück, sie beherbergte einen Offizier, einen Grafen, der sich als ausgesprochen angenehmer Gast erwies.

Der Graf übte die strengste Uneigennützigkeit: selbst Gaben, die seiner Stelle gebührten, lehnte er ab; das Geringste, was einer Bestechung hätte ähnlich sehen können, wurde mit Zorn, ja mit Strafe weggewiesen; seinen Leuten war aufs strengste befohlen, dem Hausbesitzer nicht die mindesten Unkosten zu machen. Dagegen wurde uns Kindern reichlich vom Nachtische mitgeteilt. Bei dieser Gelegenheit muß ich, um von der Unschuld jener Zeiten einen Begriff zu geben, anführen, daß die Mutter uns eines Tages höchlich betrübte, indem sie das Gefrorene, das man uns von der Tafel sendete, weggoß, weil es ihr unmöglich vorkam, daß der Magen ein wahrhaftes Eis, wenn es auch noch so durchzuckert sei, vertragen könne.

In aller Form: Das erste Duell

Goethe bekam von seinem Großvater eine Dauerfreikarte für das Schauspielhaus geschenkt und wurde dort alsbald Stammgast. Die Stücke verstand er zwar nur teilweise, doch beflügelten sie seine und die Phantasie seiner Spielkameraden, und das Ergebnis dieser Beflügelung war nicht immer mit dem

Sonntagsstaat zu vereinbaren, den die hoffnungsvollen Knaben trugen, wenn sie das Schauspielhaus verließen. Einer von ihnen wird von Goethe Derones genannt.

So will ich denn auch noch anführen, daß ich Diderots ‚Hausvater' und die ‚Philosophen' von Palissot gesehen habe und mich im letztem Stück der Figur des Philosophen, der auf allen vieren geht und in ein rohes Salathaupt beißt, noch wohl erinnere. Alle diese theatralische Mannigfaltigkeit konnte jedoch uns Kinder nicht immer im Schauspielhause festhalten. Wir spielten bei schönem Wetter vor demselben und in der Nähe und begingen allerlei Torheiten, welche besonders an Sonn- und Festtagen keineswegs zu unsrem Äußeren paßten: denn ich und meinesgleichen erschienen alsdann, angezogen, wie man mich in jenem Märchen gesehen, den Hut unterm Arm, mit einem kleinen Degen, dessen Bügel mit einer großen seidenen Bandschleife geziert war.

Einst, als wir eine ganze Zeit unser Wesen getrieben und Derones sich unter uns gemischt hatte, fiel es diesem ein, mir zu beteuern, ich hätte ihn beleidigt und müsse ihm Satisfaktion geben. Ich begriff zwar nicht, was ihm Anlaß geben konnte, ließ mir aber seine Herausforderung gefallen und wollte ziehen. Er versicherte mir aber, es sei in solchen Fällen gebräuchlich, daß man an einsame Örter gehe, um die Sache desto bequemer ausmachen zu können. Wir verfügten uns deshalb hinter einige Scheunen und stellten uns in gehörige Positur. Der Zweikampf erfolgte auf eine etwas theatralische Weise, die Klingen klirrten, und die Stöße gingen nebenaus; doch im Feuer der Aktion blieb er mit der Spitze seines Degens an der Bandschleife meines Bügels hangen. Sie ward durchbohrt, und er versicherte mir, daß er nun die vollkommenste Satisfaktion habe, umarmte mich sodann, gleichfalls recht theatralisch, und wir gingen in das nächste Kaffeehaus, um uns mit einem Glase Mandelmilch von unserer Gemütsbewegung zu erholen und den alten Freundschaftsbund nur desto fester zu schließen.

Eigenwerbung eines Klavierlehrers

Zur Allgemeinbildung gutbürgerlicher Kinder im 18. Jahrhundert gehörte natürlich der Musikunterricht. Besonders Goethes Schwester wurde so nachdrücklich ans Klavier gesetzt, daß ihr neben dem Üben kaum freie Zeit blieb. Doch zuvor ging es um die Wahl des idealen Klavierlehrers, und da meinte Goethe, den richtigen gefunden zu haben.

Endlich kam ich einmal zufälligerweise in das Zimmer eines meiner Gesellen, der eben Klavierstunde nimmt, und finde den Lehrer als einen ganz allerliebsten Mann. Für jeden Finger der rechten und linken Hand hat er einen Spitznamen, womit er ihn aufs lustigste bezeichnet, wenn er gebraucht werden soll. Die schwarzen und weißen Tasten werden gleichfalls bildlich benannt, ja die Töne selbst erscheinen unter figürlichen Namen. Eine solche bunte Gesellschaft arbeitet nun ganz vergnüglich durcheinander. Applikatur und Takt scheinen ganz leicht und anschaulich zu werden, und indem der Schüler zu dem besten Humor aufgeregt wird, geht auch alles zum schönsten vonstatten.

Kaum war ich nach Hause gekommen, als ich den Eltern anlag, nunmehr Ernst zu machen und uns diesen unvergleichlichen Mann zum Klaviermeister zu geben. Man nahm noch einigen Anstand, man erkundigte sich; man hörte zwar nichts Übles von dem Lehrer, aber auch nichts sonderlich Gutes. Ich hatte indessen meiner Schwester alle die lustigen Benennungen erzählt, wir konnten den Unterricht kaum erwarten und setzten es durch, daß der Mann angenommen wurde.

Das Notenlesen ging zuerst an, und als dabei kein Spaß vorkommen wollte, trösteten wir uns mit der Hoffnung, daß, wenn es erst ans Klavier gehen würde, wenn es an die Finger käme, das scherzhafte Wesen seinen Anfang nehmen würde. Allein weder Tastatur noch Fingersetzung schien zu einigem Gleichnis Gelegenheit zu geben. So trocken wie die Noten, mit ihren Strichen auf und zwischen den fünf Linien, blieben auch die schwarzen und weißen Claves, und weder von einem Däumerling noch Deuterling noch Goldfinger war mehr eine Silbe zu hören; und das Gesicht verzog der Mann so wenig beim trocknen Unterricht, als er es vorher beim trocknen Spaß verzogen hatte. Meine Schwester machte mir die bittersten Vorwürfe, daß ich sie getäuscht habe, und glaubte wirklich, es sei nur Erfindung von mir gewesen. Ich war aber selbst betäubt und lernte wenig, ob der Mann gleich ordentlich genug zu Werke ging: denn ich wartete immer noch, die frühern Späße sollten zum Vorschein kommen, und vertröstete meine Schwester von einem Tage zum andern. Aber sie blieben aus, und ich hätte mir dieses Rätsel niemals erklären können, wenn es mir nicht gleichfalls ein Zufall aufgelöst hätte.

Einer meiner Gespielen trat herein, mitten in der Stunde, und auf einmal eröffneten sich die sämtlichen Röhren des humoristischen Springbrunnens; die Däumerlinge und Deuterlinge, die Krabler und Zabler, wie er die Finger zu bezeichnen pflegte, die Fakchen und Gakchen, wie er z.B. die Noten f und g, die Fiekchen und Giekchen, wie er fis und gis benannte, waren auf einmal wieder vorhanden und machten die wundersamsten Männerchen.

Erste Selbstzweifel

Als Nebenwirkung der Schule „hatte sich eine gewisse Reim- und Versewut, durch Lesung der damaligen deutschen Dichter, unser bemächtigt", und so beginnen die Kinder zu dichten und zu reimen. Und das nun gleich mit Ehrgeiz und im Wettbewerb. Dabei fängt Goethe erstmals an, an sich selbst zu zweifeln, wird aber zuletzt doch durch die Erwachsenen bestätigt.

Wir Knaben hatten eine sonntägliche Zusammenkunft, wo jeder von ihm selbst verfertigte Verse produzieren sollte. Und hier begegnete mir etwas Wunderbares, was mich sehr lange in Unruh setzte. Meine Gedichte, wie sie auch sein mochten, mußte ich immer für die bessern halten. Allein ich bemerkte bald, daß meine Mitwerber, welche sehr lahme Dinge vorbrachten, in dem gleichen Falle waren und sich nicht weniger dünkten; ja was mir noch bedenklicher schien, ein guter, obgleich zu solchen Arbeiten völlig unfähiger Knabe, dem ich übrigens gewogen war, der aber seine Reime sich vom Hofmeister machen ließ, hielt diese nicht allein für die allerbesten, sondern war völlig überzeugt, er habe sie selbst gemacht; wie er mir, in dem vertrauteren Verhältnis, worin ich mit ihm stand, jederzeit aufrichtig behauptete. Da ich nun solchen Irrtum und Wahnsinn offenbar vor mir sah, fiel es mir eines Tages aufs Herz, ob ich mich vielleicht selbst in dem Falle befände, ob nicht jene Gedichte wirklich besser seien als die meinigen, und ob ich nicht mit Recht jenen Knaben ebenso toll als sie mir vorkommen möchte? Dieses beunruhigte mich sehr und lange Zeit: denn es war mir durchaus unmöglich, ein äußeres Kennzeichen der Wahrheit zu finden; ja ich stockte sogar in meinen Hervorbringungen, bis mich endlich Leichtsinn und Selbstgefühl und zuletzt eine Probearbeit beruhigten, die uns Lehrer und Eltern, welche auf unsere Scherze aufmerksam geworden, aus dem Stegreif aufgaben, wobei ich gut bestand und allgemeines Lob davontrug.

6

Der beobachtende Goethe

Die Schönheit des Menschen

Goethe hält den Menschen für die Krone der Schöpfung – und begründet das mit sehr interessanten Argumenten:

Wenn bei Affen gewisse nackte Teile bunt, mit Elementarfarben, erscheinen, so zeigt dies die weite Entfernung eines solchen Geschöpfs von der Vollkommenheit an: denn man kann sagen, je edler ein Geschöpf ist, je mehr ist alles Stoffartige in ihm verarbeitet; je wesentlicher seine Oberfläche mit dem Innern zusammenhängt, desto weniger können auf derselben Elementarfarben erscheinen. Denn da, wo alles ein vollkommenes Ganzes zusammen ausmachen soll, kann sich nicht hier und da etwas Spezifisches absondern.

Die wahren Werte des Menschen liegen in seinem Inneren:

Von dem Menschen haben wir wenig zu sagen, denn er trennt sich ganz von der allgemeinen Naturlehre los, in der wir jetzt eigentlich wandeln. Auf des Menschen Inneres ist so viel verwandt, daß seine Oberfläche nur sparsamer begabt werden konnte.

Die Vielfalt der Formen der Lebewesen fällt für Goethes Geschmack schlicht unter „gar manches Überflüssige“.

Wenn man nimmt, daß schon unter der Haut die Tiere mit Interkutanmuskeln mehr belastet als begünstigt sind; wenn man sieht, daß gar manches Überflüssige nach außen strebt, wie zum Beispiel die großen Ohren und Schwänze, nicht weniger die Haare, Mähnen, Zotten: so sieht man wohl, daß die Natur vieles abzugeben und zu verschwenden hatte.

Ausnahmen von der wahrhaft schönen Gestalt des Menschen sind nur den Poeten gestattet:

Dagegen ist die Oberfläche des Menschen glatt und rein und läßt, bei den vollkommensten, außer wenigen mit Haar mehr gezierten als bedeckten Stellen, die schöne Form sehen: denn im Vorbeigehen sei es gesagt, ein Überfluß der Haare an Brust, Armen, Schenkeln deutet eher auf Schwäche als auf Stärke, wie denn wahrscheinlich nur die Poeten, durch den Anlaß einer übrigens starken Tiernatur verführt, mitunter solche haarige Helden zu Ehren gebracht haben.

Der Gipfel menschlicher Gestalt ist für Goethe der weiße Mensch, der in keiner Richtung besonders auffällt.

Übrigens wäre wohl hier der Ort, der Zweiflerfrage zu begegnen, ob denn nicht alle Menschenbildung und Farbe gleich schön und nur durch Gewohnheit und Eigendünkel eine der andern vorgezogen werde. Wir getrauen uns aber in Gefolg alles dessen, was bisher vorgekommen, zu behaupten, daß der weiße Mensch, das heißt derjenige, dessen Oberfläche vom Weißen ins Gelbliche, Bräunliche, Rötliche spielt, kurz, dessen Oberfläche am gleichgültigsten erscheint, am wenigsten sich zu irgend etwas Besondrem hinneigt, der schönste sei. Und so wird auch wohl künftig, wenn von der Form die Rede sein wird, ein solcher Gipfel menschlicher Gestalt sich vor das Anschauen bringen lassen; nicht als ob diese alte Streitfrage hierdurch für immer entschieden sein sollte: denn es gibt Menschen genug, welche Ursache haben, diese Deutsamkeit des Äußern in Zweifel zu setzen; sondern daß dasjenige ausgesprochen werde, was aus einer Folge von Beobachtung und Urteil einem Sicherheit und Beruhigung suchenden Gemüte hervorspringt.

Weltbild aus Spiegelungen

Lassen Sie sich durch den wissenschaftlich klingenden Anfang dieses Textes nicht abschrecken. Er wäre nicht von Goethe, wenn er nicht eine überraschende Komponente in sich trüge.

Spiegelungen

Um über die Nachrichten von Sesenheim meine Gedanken kürzlich auszusprechen, muß ich mich eines allgemein-physischen, im Besondern aber aus der Entoptik hergenommenen Symbols bedienen; es wird hier von wiederholten Spiegelungen die Rede sein.

1. Ein jugendlich seliges Wahnleben spiegelt sich unbewußt eindrücklich in dem Jüngling ab.

2. Das lange Zeit fortgehegte, auch wohl erneuerte Bild wogt immer lieblich und freundlich hin und her, viele Jahre im Innern.

3. Das liebevoll früh Gewonnene, lang Erhaltene wird endlich in lebhafter Erinnerung nach außen ausgesprochen und abermals abgespiegelt.

4. Dieses Nachbild strahlt nach allen Seiten in die Welt aus, und ein schönes, edles Gemüt mag an dieser Erscheinung, als ware sie Wirklichkeit, sich entzücken, und empfängt davon einen tiefen Eindruck.

5. Hierauf entfaltet sich ein Trieb, alles was von Vergangenhek noch hervorzuzaubern wäre, zu verwirklichen.

6. Die Sehnsucht wächst, und um sie zu befriedigen, wird es unumgänglich nötig, an Ort und Stelle zu gelangen, um sich die Örtlichkeit wenigstens anzueignen.

7. Hier trifft sich der glückliche Fall, daß an der gefeierten Stelle ein teilnehmender, unterrichteter Mann gefunden wird, in welchem das Bild sich gleichfalls eingedrückt hat.

8. Hier entsteht nun, in der gewissermaßen verödeten Lokalltät, die Möglichkeit, ein Wahrhaftes wiederherzustellen, aus den Trümmern von Dasein und Überlieferung sich eine zweite Gegenwart zu verschaffen und Friederiken von ehemals in ihrer ganzen Liebenswürdigkeit zu lieben.

9. So kann sie nun, ungeachtet alles irdischen Dazwischentretens, sich auch wieder in der Seele des alten Liebhabers nochmals abspiegeln und demselben eine holde, werte, belebende Gegenwart lieblich erneuen.

Bedenkt man nun, daß wiederholte sittliche Spiegelungen das Vergangene nicht allein lebendig erhalten, sondern sogar zu einem höhern Leben emporsteigern, so wird man der entoptischen Erscheinungen gedenken, welche gleichfalls von Spiegel zu Spiegel nicht etwa verbleichen, sondern sich erst recht entzünden, und man wird ein Symbol gewinnen dessen, was in der Geschichte der Künste und Wissenschaften, der Kirche, auch wohl der politischen Welt, sich mehrmals wiederholt hat und noch täglich wiederholt.

Nachbild

Auch beim wissenschaftlich gemeinten Nachbild fährt Goethe plötzlich eine Frau dazwischen. Und so wird seine Erklärung dieses Phänomens äußerst anschaulich.

Als ich gegen Abend in ein Wirtshaus eintrat und ein wohlgewachsenes Mädchen mit blendendweißem Gesicht, schwarzen Haaren und einem scharlachroten Mieder zu mir ins Zimmer trat, blickte ich sie, die in einiger Entfernung vor mir stand, in der Halbdämmerung scharf an. Indem sie sich nun darauf hinwegbewegte, sah ich auf der mir entgegenstehenden weißen Wand ein schwarzes Gesicht, mit einem hellen Schein umgeben, und die übrige Bekleidung der völlig deutlichen Figur erschien von einem schönen Meergrün.

Der niederländischen Landschaftsmalerei widmet Goethe ein Gedicht, als er vor einer wahren Bilderbuchlandschaft steht.

Landschaft

Das alles sieht so lustig aus,
So wohl gewaschen das Bauerhaus,
So morgentaulich Gras und Baum,
So herrlich blau der Berge Saum!
Seht nur das Wölkchen, wie es spielt
Und sich im reinen Äther kühlt!
Fände sich ein Niederländer hier,
Er nähme wahrlich gleich Quartier,
Und was er sieht und was er malt,
Wird hundert Jahre nachgezahlt.

Goethe und Newton

Weiss hat Newton gemacht aus allen Farben. Gar manches
Hat er euch weisgemacht, das ihr ein Säkulum glaubt.

Polemisches

Es entspringt keine prismatische Farbenerscheinung, als wenn ein Bild verrückt wird, und es kann kein Bild ohne Grenze sein. Bei dem gewöhnlichen prismatischen Versuch geht durch die kleinste Öffnung das ganze Sonnenbild durch, das ganze Sonnenbild wird verrückt; bei geringer Brechung nur an den Rändern, bei stärkerer aber völlig gefärbt.

Durch welche Art von Untersuchung jedoch Newton sich überzeugt habe, daß der Grenze kein Einfluß auf die Farbenerscheinung zuzuschreiben sei, muß jeden, der nicht verwahrlost ist, zum Erstaunen, ja zum Entsetzen bewegen, und wir fordern alle günstige und ungünstige Leser auf, diesem Punkte die größte Aufmerksamkeit zu widmen.

Bei jenem bekannten Versuche, bei welchem das Prisma innerhalb der dunklen Kammer sich befindet, geht das Licht, oder vielmehr das Sonnenbild, zuerst durch die Öffnung und dann durch das Prisma, da denn auf der Tafel das farbige Spektrum erscheint. Nun stellt der Experimentator, um gleichsam eine Probe auf seinen ersten Versuch zu machen, das Prisma hinaus vor die Öffnung und findet in der dunklen Kammer, vor wie nach, sein gefärbtes verlängertes Bild. Daraus schließt er, die Öffnung habe keinen Einfluß auf die Färbung desselben.

Wir fordern alle unsere gegenwärtigen und künftigen Gegner auf diese Stelle. Hier wird von nun an um die Haltbarkeit oder Unhaltbarkeit des Newtonischen Systems gekämpft, hier, gleich am Eingange des Labyrinths und nicht drinnen in den verworrenen Irrgängen, hier, wo uns Newton selbst aufbewahrt hat, wie er zu seiner Überzeugung gelangt ist.

Man sehe, was von uns im polemischen Teile, besonders zum zweiten Teil des ersten Buchs der Optik, umständlicher ausgeführt worden, und erlaube uns hier den Triumph der guten Sache zu feiern, den ihr die Schule, mit aller ihrer Halsstarrigkeit, nicht lange mehr verkümmern wird.

Newton reizte ihn wahrlich zum Widerspruch. Dabei geht es uns jetzt hier gar nicht darum, wer recht hat, sondern einzig um Goethes bildreiche Sprache, mit der er den Widersacher und sein wissenschaftliches Vorgehen bekämpft.

Diese Art, welche eigentlich bloß dialektisch ist und einem Sophisten ziemte, der die Leute zum besten haben wollte, findet sich, so viel mir bekannt geworden, seit der scholastischen Zeit wieder zuerst bei Newton. Seine Vorganger, von den wiederauflebenden Wissenschaften an, waren, wenn auch oft beschrankt, doch immer treulich dogmatisch, wenn auch unzulanglich, doch redlich didaktisch; Newtons Vortrag hingegen besteht aus einem ewigen Hinterstzuvörderst, aus den tollsten Transpositionen, Wiederholungen und Verschränkungen, aus dogmatisierten und didaktisierten Widersprüchen, die man vergeblich zu fassen strebt, aber doch zuletzt auswendig lernt und also etwas wirklich zu besitzen glaubt.

Und bemerken wir nicht im Leben, in manchen andern Fällen: wenn wir ein falsches Aperçu, ein eigenes oder fremdes, mit Lebhaftigkeit ergreifen, so kann es nach und nach zur fixen Idee werden und zuletzt in einen vömgen partiellen Wahnsinn ausarten, der sich hauptsächlich dadurch manifestiert, daß man nicht allein alles einer solchen Vorstellungsart Günstige mit Leidenschaft festhält, alles zart Widersprechende ohne weiteres beseitigt, sondern auch das auffallend Entgegengesetzte zu seinen Gunsten auslegt.

Galilei

Um sich die Priorität zu bewahren einer Entdeckung, die er nicht aussprechen wollte, ergriff Galilei ein geistreiches Mittel: er versteckte seine Erfindung anagrammatisch in lateinische Verse die er sogleich bekannt machte, um sich im Falle ohne weiteres dieses öffentlichen Geheimnisses bedienen zu können.

Optische Täuschungen

Das Wort Augentäuschungen, welches der sonst so verdienstvolle Übersetzer der Darwinischen Zoonomie dafür gebraucht hat, wünschten wir ein für allemal verbannt. Das Auge täuscht sich nicht; es handelt gesetzlich und macht dadurch dasjenige zur Realität, was man zwar dem Worte, aber nicht dem Wesen nach ein Gespenst zu nennen berechtigt ist.

Das Mischen, Sudlen und Manschen ...

Die Färberei konnte sich leicht und bequem vervollkommnen. Das Mischen, Sudlen und Manschen ist dem Menschen angeboren. Schwankendes Tasten und Versuchen ist seine Lust. Alle Arten von Infusionen gehen in Gärung oder in Fäulnis über; beide Eigenschaften begünstigen die Farbe in einem entgegengesetzten Sinne. Selbst untereinander gemischt und verbunden heben sie die Farbe nicht auf, sondern bedingen sie nur. Das Saure und Alkalische in seinem rohsten empirischen Vorkommen, in seinen absurdesten Mischungen wurde von jeher zur Färberei gebraucht, und viele Färberezepte bis auf den heutigen Tag sind lächerlich und zweckwidrig.

Vulkanismus

Anfang März kommt es tatsächlich zur ersehnten Besteigung des Vesuvs. Um diese Beschreibung so recht genießen zu können, stellen Sie sich bitte den Geheimen Rat Goethe vor, mit weiß gepuderter Perücke, weitem Hut, weißer Spitzenbluse, mit spitzen, schwarzen Schühchen und eleganter Schnalle und natürlich mit weißen Strumpfhosen – pardon: Beinkleidern. Heutzutage empfiehlt man Touristen auch im Hochsommer feste, über knöchelhohe Schuhe, wenn sie einen Vulkan besteigen wollen, denn die scharfkantige Lava ist nicht ungefährlich.

Die Neapolitanischen Fremdenführer waren indes auf alles eingerichtet. Goethe und sein Begleiter, der Maler Tischbein aus Kassel, nicht minder elegant adjustiert, ließen sich also an den Berg kutschieren.

Am Fuße des steilen Hanges empfingen uns zwei Führer, ein älterer und ein jüngerer, beides tüchtige Leute. Der erste schleppte mich, der zweite Tischbein den Berg hinauf. Sie schleppten, sage ich; denn ein solcher Führer umgürtet sich mit einem ledernen Riemen, in welchen der Reisende greift und, hinaufwärts gezogen, sich an einem Stabe auf seinen eigenen Füßen desto leichter emporhilft.

So erlangten wir die Fläche, über welcher sich der Kegelberg erhebt, gegen Norden die Trümmer der Somma.

Der Berg war erst vorher ausgebrochen, so daß die alte Spitze in die Luft geflogen war. Daher spricht Goethe hier von den Trümmern der Somma (=höchster Punkt). Die Reisegruppe befindet sich nun also auf einer Art Hochplateau, aus dem der aktive Kegel noch verlockend hervorragt. Vor allem aber ist er aktiv. Und so packt Goethe dann die Abenteuerlust.

„Ein Blick westwärts über die Gegend nahm wie ein heilsames Bad alle Schmerzen der Anstrengung und alle Müdigkeit hinweg, und wir umkreisten nunmehr den immer qualmenden, Stein und Asche auswerfenden Kegelberg. Solange der Raum gestattete, in gehöriger Entfernung zu bleiben, war es ein großes, geisterhebendes Schauspiel. Erst ein gewaltsamer Donner, der aus dem tiefsten Schlunde hervortönte, sodann Steine, größere und kleinere, zu Tausenden in die Luft geschleudert, von Aschenwolken eingehüllt. Der größte Teil fiel in den Schlund zurück. Die andern, nach der Seite zu getriebenen Brocken, auf die Außenseite des Kegels niederfallend, machten ein wunderbares Geräusch: erst plumpten die schwereren und hüpften mit dumpfem Getön an die Kegelseite hinab, die geringeren klapperten hinterdrein, und zuletzt rieselte die Asche nieder. Dieses alles geschah in regelmäßigen Pausen, die wir durch ein ruhiges Zählen sehr wohl abmessen konnten.

Zwischen der Somma und dem Kegelberge ward aber der Raum enge genug, schon fielen mehrere Steine um uns her und machten den Umgang unerfreulich.

Tischbein fühlte sich nunmehr auf dem Berge noch verdrießlicher, da dieses Ungetüm, nicht zufrieden, häßlich zu sein, auch noch gefährlich werden wollte.

Wie aber durchaus eine gegenwärtige Gefahr etwas Reizendes hat und den Widerspruchsgeist im Menschen auffordert, ihr zu trotzen, so bedachte ich, daß es möglich sein müsse, in der Zwischenzeit von zwei Eruptionen den Kegelberg hinauf an den Schlund zu gelangen und auch in diesem Zeitraum den Rückweg zu gewinnen. Ich ratschlagte hierüber mit den Führern unter einem überhängenden Felsen der Somma, wo wir, in Sicherheit gelagert, uns an den mitgebrachten Vorräten erquickten. Der jüngere getraute sich, das Wagestück mit mir zu bestehen, unsere Hutköpfe fütterten wir mit leinenen und seidenen Tüchern, wir stellten uns bereit, die Stäbe in der Hand, ich seinen Gürtel fassend.

Noch klapperten die kleinen Steine um uns herum, noch rieselte die Asche, als der rüstige Jüngling mich schon über das glühende Gerölle hinaufriß. Hier standen wir an dem ungeheuren Rachen, dessen Rauch eine leise Luft von uns ablenkte, aber zugleich das Innere des Schlundes verhüllte, der ringsum aus tausend Ritzen dampfte. Durch einen Zwischenraum des Qualmes erblickte man hie und da geborstene Felsenwände. Der Anblick war weder unterrichtend noch erfreulich, aber eben deswegen, weil man nichts sah, verweilte man, um etwas herauszusehen. Das ruhige Zählen war versäumt, wir standen auf einem scharfen Rande vor dem ungeheuern Abgrund. Auf einmal erscholl der Donner, die furchtbare Ladung flog an uns vorbei, wir duckten uns unwillkürlich, als wenn uns das vor den niederstürzenden Massen gerettet hätte; die kleineren Steine klapperten schon, und wir, ohne zu bedenken, daß wir abermals eine Pause vor uns hatten, froh, die Gefahr überstanden zu haben, kamen mit der noch rieselnden Asche am Fuße des Kegels an, Hüte und Schultern genugsam eingeäschert.

Auf der Suche nach der Urpflanze

Im Tagebuch seiner Italienischen Reise schreibt Goethe:

Im Angesicht so vielerlei neuen und erneuten Gebildes fiel mir die alte Grille wieder ein: ob ich nicht unter dieser Schar die Urpflanze entdecken könnte? Eine solche muß es denn doch geben! Woran würde ich sonst erkennen, daß dieses oder jenes Gebilde eine Pflanze sei, wenn sie nicht alle nach einem Muster gebildet wären.

Er suchte einen Grundtypus von Pflanze, aus deren Struktur und Gestalt man den Aufbau jeder beliebigen Pflanze verstehen könne.

Als er Schiller diese Gedanken vorstellte, rief jener aus: „Aber das ist ja eine Idee!" – „Nun gut", meinte Goethe, „dann sehe ich eben Ideen."

Auf der Suche nach der Urpflanze bedachte Goethe den Ginkgo mit besonderer Aufmerksamkeit. Sein Blatt erschien ihm wie ein Übergang zwischen Laub- und Nadelbaum. Ihm widmete Goethe folgendes Gedicht:

Dieses Baums Blatt, der von Osten
Meinem Garten anvertraut,
Gibt geheimen Sinn zu kosten,
Wie's den Wissenden erbaut.

Ist es ein lebendig Wesen,
Das sich in sich selbst getrennt?
Sind es zwei, die sich erlesen,
Daß man sie als Eines kennt?

Solche Frage zu erwidern,
Fand ich wohl den rechten Sinn;
Fühlst Du nicht aus meinen Liedern
Daß ich Eins und Doppelt bin?

Wissenschaftlicher Ruhm

Kolumbus

Ein merkwürdiges Beispiel, wie die Nachwelt irgendeinem Vorfahren die Ehre zu rauben geneigt ist, sehen wir an den Bemühungen, die man sich gab, Christoph Colomb die Ehre der Entdeckung der neuen Welt zu entreißen. Freilich hatte die Einbildungs kraft den westlichen Ozean schon längst mit Inseln und Land bevölkert, daß man sogar in der ersten düstern Zeit lieber eine ungeheuere Insel untergehen ließ, als daß man diese Räume leer gelassen hätte. Freilich waren die Nachrichten von Asien her schon weit herangerückt, Kühngesinnten und Wagehälsen genügte die Küstenschifffahrt nicht mehr, durch die glückliche Unternehmung der Portugiesen war die ganze Welt in Erregung; aber es gehörte denn doch zuletzt ein Mann dazu, der das alles zusammenfaßte, um Fabel und Nachricht, Wahn und Überlieferung in Wirklichkeit zu verwandeln.

Patentrecht

Es ist immer der Mühe wert nachzudenken, warum die vielfachen und harten Kontestationen über Priorität bei Entdecken und Erfinden beständig fortdauern und aufs neue entstehen. Zum Entdecken gehört Glück, zum Erfinden Geist, und beide können beides nicht entbehren. Dieses spricht aus und beweist, daß man, ohne Überlieferung, unmittelbar persönlich Naturgegenstände oder deren Eigenschaften gewahr werden könne.

Das Erkennen und Erfinden sehen wir als den vorzüglichsten selbst erworbenen Besitz an und brüsten uns damit.

Der kluge Engländer verwandelt ihn durch ein Patent sogleich in Realitäten und überhebt sich dadurch alles verdrießlichen Ehrenstreites.

Plagiat

nennt man die gröbste Art von Okkupation, wozu Kühnheit und Unverschämtheit gehört und die auch wohl deshalb eine Zeitlang glücken kann. Wer geschriebene, gedruckte, nur nicht allzu bekannte Werke benutzt und für sein Eigentum ausgibt, wird ein Plagiarier genannt. Armseligen Menschen verzeihen wir solche Kniffe; werden sie aber, wie es auch wohl geschieht, von talentvollen Personen ausgeübt, so erregt es in uns, auch bei fremden Angelegenheiten, ein Mißbehagen, weil durch schlechte Mittel Ehre gesucht worden, Ansehen durch niedriges Beginnen.

Dagegen müssen wir den bildenden Künstler in Schutz nehmen, welcher nicht verdient Plagiarier genannt zu werden, wenn er schon vorhandene, gebrauchte, ja bis auf einen gewissen Grad gesteigerte Motive nochmals behandelt.

Montgolfiere

Zwei französische Erfinder, die Brüder Jacques Etienne und Joseph Michel Montgolfier entwickelten in den achtziger Jahren des 18. Jahrhunderts den ersten Heißluftballon, und im Jahre 1783 war es dann endlich soweit: Der erste Aufstieg einer mit Papier gefütterten, von einem Hanfnetz überzogenen Leinwandhülle fand am 5. Juni 1783, der erste freie Flug mit Fahrgästen am 21. November 1783 statt. Das Fahrzeug selbst wurde nach seinen Erfindern „Montgolfiere" genannt. Goethe, der sich bekanntlich für alle technischen und naturwissenschaftlichen Probleme brennend interessierte, stellte daraufhin im Jahre 1784 selbst Versuche mit einer Montgolfiere an, war über die technische Einfachheit des Fluggeräts überrascht und notierte verstimmt in seinem Tagebuch:

Diese Erfindung der beiden Franzosen hätte ich ebenso gut machen können, zumal ich mich mit dem gleichen Gedanken getragen habe!

7

Der klassische Goethe

Heidenröslein

Sah ein Knab' ein Röslein stehn,
Röslein auf der Heiden,
War so jung und morgenschön,
Lief er schnell, es nah zu sehn,
Sah's mit vielen Freuden.
Röslein, Röslein, Röslein rot,
Röslein auf der Heiden.

Knabe sprach: Ich breche dich,
Röslein auf der Heiden!
Röslein sprach: Ich steche dich,
Daß du ewig denkst an mich,
Und ich will's nicht leiden.
Röslein, Röslein, Röslein rot,
Röslein auf der Heiden.

Und der wilde Knabe brach
'S Röslein auf der Heiden;
Röslein wehrte sich und stach,
Half ihr doch kein Weh und Ach,
Mußt' es eben leiden.
Röslein, Röslein, Röslein rot,
Röslein auf der Heiden.

Der Zauberlehrling

Hat der alte Hexenmeister
Sich doch einmal wegbegeben!
Und nun sollen seine Geister
Auch nach meinem Willen leben.
Seine Wort' und Werke
Merkt ich und den Brauch,
Und mit Geistesstarke
Tu ich Wunder auch.

Walle! walle
Manche Strecke,
Daß, zum Zwecke,
Wasser fließe
Und mit reichem, vollem Schwalle
Zu dem Bade sich ergieße.

Und nun komm, du alter Besen!
Nimm die schlechten Lumpenhüllen;
Bist schon lange Knecht gewesen:
Nun erfülle meinen Willen!
Auf zwei Beinen stehe,
Oben sei ein Kopf,
Eile nun und gehe
Mit dem Wassertopf!

Walle! walle
Manche Strecke,
Daß, zum Zwecke,
Wasser fließe
Und mit reichem, vollem Schwalle
Zu dem Bade sich ergieße.

Seht, er läuft zum Ufer nieder,
Wahrlich! ist schon an dem Flusse,

Und mit Blitzesschnelle wieder
Ist er hier mit raschem Gusse.
Schon zum zweiten Male!
Wie das Becken schwillt!
Wie sich jede Schale
Voll mit Wasser füllt!

Stehe! stehe!
Denn wir haben
Deiner Gaben
Vollgemessen! –
Ach, ich merk es! Wehe! wehe!
Hab ich doch das Wort vergessen!

Ach, das Wort, worauf am Ende
Er das wird, was er gewesen.
Ach, er läuft und bringt behende!
Wärst du doch der alte Besen!
Immer neue Güsse
Bringt er schnell herein,
Ach! und hundert Flüsse
Stürzen auf mich ein.

Nein, nicht länger
Kann ichs lassen;
Will ihn fassen.
Das ist Tücke!
Ach! nun wird mir immer bänger!
Welche Miene! welche Blicke!

O, du Ausgeburt der Hölle!
Soll das ganze Haus ersaufen?
Seh ich über jede Schwelle
Doch schon Wasserströme laufen.
Ein verruchter Besen,
Der nicht hören will!

Stock, der du gewesen,
Steh doch wieder still!

Willst am Ende
Gar nicht lassen?
Will dich fassen,
Will dich halten
Und das alte Holz behende
Mit dem scharfen Beile spalten.

Seht, da kommt er schleppend wieder!
Wie ich mich nur auf dich werfe,
Gleich, o Kobold, liegst du nieder;
Krachend trifft die glatte Schärfe.
Wahrlich! brav getroffen!
Seht, er ist entzwei!
Und nun kann ich hoffen,
Und ich atme frei!

Wehe! wehe!
Beide Teile
Stehn in Eile
Schon als Knechte
Völlig fertig in die Höhe!
Helft mir, ach! ihr hohen Mächte!

Und sie laufen! Naß und nässer
Wirds im Saal und auf den Stufen.
Welch entsetzliches Gewässer!
Herr und Meister! hör mich rufen!
– Ach, da kommt der Meister!
Herr, die Not ist groß!
Die ich rief, die Geister
Werd ich nun nicht los.

„In die Ecke,
Besen! Besen!
Seids gewesen.
Denn als Geister
Ruft euch nur, zu diesem Zwecke,
Erst hervor der alte Meister.“

Wandrers Nachtlied

Über allen Gipfeln
Ist Ruh,
In allen Wipfeln
Spürest du
Kaum einen Hauch;
Die Vögelein schweigen im Walde.
Warte nur, balde
Ruhest du auch.

In Dagmar Matten-Gohdes' köstlichem Goethe-Lesebuch nicht nur für Kinder, „Goethe ist gut“, findet sich folgendes Gedicht:

Stille ist im Pavillon aus Jade
Krähen fliegen stumm
Zu beschneiten Kirschbäumen im Mondlicht.
Ich sitze
und weine.

Was war geschehen?

Wanderers Nachtlied war ins Japanische übersetzt worden, aus dem Japanischen ins Französische, und aus dem Französischen als „Japanisches Nachtlied“ ins Deutsche ... So schwierig ist es, Poesie in eine fremde Sprache zu übertragen.

Die folgende Ballade enthält so herrlich lautmalerische Stellen, daß man sie eigentlich laut lesen sollte.

Der Totentanz

Der Türmer, der schaut zumitten der Nacht
Hinab auf die Gräber in Lage;
Der Mond, der hat alles ins Helle gebracht,
Der Kirchhof, er liegt wie am Tage.
Da regt sich ein Grab und ein anderes dann:
Sie kommen hervor, ein Weib da, ein Mann,
In weißen und schleppenden Hemden.

Das reckt nun, es will sich ergetzen sogleich,
Die Knöchel zur Runde, zum Kranze,
So arm und so jung, und so alt und so reich;
Doch hindern die Schleppen am Tanze.
Und weil hier die Scham nun nicht weiter gebeut,
Sie schütteln sich alle, da liegen zerstreut
Die Hemdelein über den Hügeln.

Nun hebt sich der Schenkel, nun wackelt das Bein,
Gebärden da gibt es vertrackte;
Dann klipperts und klapperts mitunter hinein,
Als schlüg man die Hölzlein zum Takte.
Das kommt nun dem Türmer so lächerlich vor;
Da raunt ihm der Schalk, der Versucher, ins Ohr:
Geh! hole dir einen der Laken.

Getan wie gedacht! und er flüchtet sich schnell
Nun hinter geheiligte Türen.
Der Mond, und noch immer er scheinet so hell
Zum Tanz, den sie schauderlich führen.
Doch endlich verlieret sich dieser und der,
Schleicht eins nach dem andern gekleidet einher,
Und husch ist es unter dem Rasen.

Nur einer, der trippelt und stolpert zuletzt
Und tappet und grapst an den Grüften;
Doch hat kein Geselle so schwer ihn verletzt,
Er wittert das Tuch in den Lüften.
Er rüttelt die Turmtür, sie schlägt ihn zurück,
Geziert und gesegnet, dem Türmer zum Glück,
Sie blinkt von metallenen Kreuzen.

Das Hemd muß er haben, da rastet er nicht,
Da gilt auch kein langes Besinnen;
Den gotischen Zierat ergreift nun der Wicht
Und klettert von Zinne zu Zinnen.
Nun ists um den armen, den Türmer getan!
Es ruckt sich von Schnörkel zu Schnörkel hinan
Langbeinigen Spinnen vergleichbar.

Der Türmer erbleichet, der Türmer erbebt,
Gern gäb er ihn wieder, den Laken.
Da häkelt – jetzt hat er am längsten gelebt –
Den Zipfel ein eiserner Zacken.
Schon trübet der Mond sich, verschwindenden Scheins,
Die Glocke, sie donnert ein mächtiges Eins,
Und unten zerschellt das Gerippe.

Hochzeitlied

Wir singen und sagen vom Grafen so gern,
Der hier in dem Schlosse gehauset,
Da, wo ihr den Enkel des seligen Herrn,
Den heute vermählten, beschmauset.
Nun hatte sich jener im heiligen Krieg
Zu Ehren gestritten durch mannigen Sieg;
Und als er zu Hause vom Rösselein stieg,
Da fand er sein Schlösselein oben,
Doch Diener und Habe zerstoben.

Da bist du nun, Gräflein, da bist du zu Haus,
Das Heimische findest du schlimmer!
Zum Fenster da ziehen die Winde hinaus,
Sie kommen durch alle die Zimmer.
Was wäre zu tun in der herbstlichen Nacht?
So hab ich doch manche noch schlimmer vollbracht
Der Morgen hat alles wohl besser gemacht.
Drum rasch bei der mondlichen Helle
Ins Bett, in das Stroh, ins Gestelle.
Und als er im willigen Schlummer so lag,
Bewegt es sich unter dem Bette.

Die Ratte, die raschle, solange sie mag!
Ja, wenn sie ein Bröselein hätte!
Doch siehe! da stehet ein winziger Wicht,
Ein Zwerglein so zierlich mit Ampelen-Licht,
Mit Redner-Gebärden und Sprecher-Gewicht,
Zum Fuß des ermüdeten Grafen,
Der, schläft er nicht, möcht er doch schlafen.

Wir haben uns Feste hier oben erlaubt,
Seitdem du die Zimmer verlassen,
Und weil wir dich weit in der Ferne geglaubt,
So dachten wir eben zu prassen.

Und wenn du vergönnest und wenn dir nicht graut,
So schmausen die Zwerge, behaglich und laut,
Zu Ehren der reichen, der niedlichen Braut.
Der Graf im Behagen des Traumes:
Bedienet euch immer des Raumes!

Da kommen drei Reiter, sie reiten hervor,
Die unter dem Bette gehalten;
Dann folget ein singendes, klingendes Chor
Possierlicher, kleiner Gestalten;
Und Wagen auf Wagen mit allem Gerät,
Daß einem so Hören als Sehen vergeht,
Wie's nur in den Schlössern der Könige steht;
Zuletzt auf vergoldetem Wagen
Die Braut und die Gäste getragen.

So rennet nun alles in vollem Galopp
Und kürt sich im Saale sein Plätzchen;
Zum Drehen und Walzen und lustigen Hopp
Erkieset sich jeder ein Schätzchen.
Da pfeift es und geigt es und klinget und klirrt,
Da ringelts und schleift es und rauschet und wirrt,
Da pisperts und knisterts und flisterts und schwirrt;
Das Gräflein, es blicket hinüber,
Es dünkt ihn, als läg er im Fieber.

Nun dappelts und rappelts und klapperts im Saal
Von Bänken und Stühlen und Tischen,
Da will nun ein jeder am festlichen Mahl
Sich neben dem Liebchen erfrischen;
Sie tragen die Würste, die Schinken so klein
Und Braten und Fisch und Geflügel herein,
Es kreiset beständig der köstliche Wein;
Das toset und koset so lange,
Verschwindet zuletzt mit Gcsange.

Und sollen wir singen, was weiter geschehn,
So schweige das Toben und Tosen.
Denn was er, so artig, im Kleinen gesehn,
Erfuhr er, genoß er im Großen.
Trompeten und klingender, singender Schall
Und Wagen und Reiter und bräutlicher Schwall,
Sie kommen und zeigen und neigen sich all,
Unzählige, selige Leute.
So ging es und geht es noch heute.

Faust – eine Fundgrube

Aus wohl kaum einem Werk von Goethe haben sich so viele Textstellen selbständig gemacht und wurden zu geflügelten Worten wie aus dem Faust. Das Aha-Erlebnis beim Lesen ist groß, das Vergnügen nicht minder. Hier nur ein paar Highlights.

Ihr naht euch wieder, schwankende Gestalten,
Die früh sich einst dem trüben Blick gezeigt.
Versuch ich wohl, euch diesmal festzuhalten?
Fühl ich mein Herz noch jenem Wahn geneigt?
Ihr drängt euch zu! nun gut, so mögt ihr walten,
wie ihr aus Dunst und Nebel um mich steigt;
Mein Busen fühlt sich jugendlich erschüttert
Vom Zauberhauch, der euren Zug umwittert.

Den folgenden Text muß man sich bitte bildlich auf der Bühne vorstellen: weißgekleidete Engel mit großen Flügeln, die nun sanft wackeln ...

Ihr Anblick gibt den Engeln Stärke,
Wenn keiner sie ergründen mag;
Die unbegreiflich hohen Werke
Sind herrlich wie am ersten Tag.

Stoßgebet eines Universitätsdozenten

FAUST:
Habe nun, ach! Philosophie,
Juristerei und Medizin
Und leider auch Theologie
Durchaus studiert, mit heißem Bemühn.
Da steh ich nun, ich armer Tor!
Und bin so klug als wie zuvor;
Heiße Magister, heiße Doktor gar,
Und ziehe schon an die zehen Jahr
Herauf, herab und quer und krumm
Meine Schüler an der Nase herum –
Und sehe, daß wir nichts wissen können!
Das will mir schier das Herz verbrennen.
Zwar bin ich gescheiter als alle die Laffen,
Doktoren, Magister, Schreiber und Pfaffen;
Mich plagen keine Skrupel noch Zweifel,
Fürchte mich weder vor Hülle noch Teufel –
Dafür ist mir auch alle Freud entrissen,
Bilde mir nicht ein, was Rechts zu wissen,
Bilde mir nicht ein, ich könnte was lehren,
Die Menschen zu bessern und zu bekehren.
Auch hab ich weder Gut noch Geld,
Noch Ehr und Herrlichkeit der Welt;

Es möchte kein Hund so länger leben!
Drum hab ich mich der Magie ergeben,
Ob mir durch Geistes Kraft und Mund
Nicht manch Geheimnis würde kund;
Daß ich nicht mehr mit sauerm Schweiß
Zu sagen brauche, was ich nicht weiß;
Daß ich erkenne, was die Welt
Im Innersten zusammenhält,
Schau alle Wirkenskraft und Samen
Und tu nicht mehr in Worten kramen.

Osterspaziergang

FAUST:
Vom Eise befreit sind Strom und Bäche
Durch des Frühlings holden, belebenden Blick,
Im Tale grünet Hoffnungsglück;
Der alte Winter, in seiner Schwäche,
Zog sich in rauhe Berge zurück.
Von dort her sendet er, fliehend, nur
Ohnmächtige Schauer körnigen Eises
In Streifen über die grünende Flur.
Aber die Sonne duldet kein Weißes,
Überall regt sich Bildung und Streben,
Alles will sie mit Farben beleben;
Doch an Blumen fehlts im Revier,
Sie nimmt geputzte Menschen dafür.

Visitenkarte des Teufels

FAUST:
Nun gut, wer bist du denn?

MEPHISTOPHELES:
Ein Teil von jener Kraft,
Die stets das Böse will, und stets das Gute schafft.

FAUST:
Was ist mit diesem Rätselwort gemeint?

MEPHISTOPHELES:
Ich bin der Geist, der stets verneint!
Und das mit Recht; denn alles, was entsteht,
Ist wert, daß es zugrunde geht;
Drum besser wärs, daß nichts entstünde.
So ist denn alles, was ihr Sünde,
Zerstörung, kurz das Böse nennt,
Mein eigentliches Element.

Selbstgespräch

Den Teufel halte, wer ihn hält!
Er wird ihn nicht so bald zum zweiten Male fangen.

Mephisto und der Schüler

Hatte Faust in seinem Selbstgespräch geklagt, er ziehe schon an die zehen Jahr ... seine Schüler an der Nase herum, so führt Mephisto im ersten Teil des Dramas vor, wie das aussieht, wenn er das unternimmt:

SCHÜLER:
Ich bin allhier erst kurze Zeit
Und komme voll Ergebenheit,
Einen Mann zu sprechen und zu kennen,
Den alle mir mit Ehrfurcht nennen.

MEPHISTOPHELES:
Eure Höflichkeit erfreut mich sehr!
Ihr seht einen Mann wie andre mehr.
Habt Ihr Euch sonst schon umgetan?

SCHÜLER:
Ich bitt Euch, nehmt Euch meiner an!
Ich komme mit allem guten Mut,
Leidlichem Geld und frischem Blut;
Meine Mutter wollte mich kaum entfernen;
Möchte gern was Rechts hieraußen lernen.

MEPHISTOPHELES:
Da seid Ihr eben recht am Ort.
SCHÜLER:
Aufrichtig, möchte schon wieder fort:
In diesen Mauern, diesen Hallen
Will es mir keineswegs gefallen.
Es ist ein gar beschränkter Raum,
Man sieht nichts Grünes, keinen Baum,
Und in den Sälen, auf den Bänken
Vergeht mir Hören, Sehn und Denken.

MEPHISTOPHELES:
Das kommt nur auf Gewohnheit an.
So nimmt ein Kind der Mutter Brust
Nicht gleich im Anfang willig an,
Doch bald ernährt es sich mit Lust.
So wirds Euch an der Weisheit Brüsten
Mit jedem Tage mehr gelüsten.

SCHÜLER:
An ihrem Hals will ich mit Freuden bangen;
Doch sagt mir nur, wie kann ich hingelangen?

MEPHISTOPHELES:
Erklärt Euch, eh Ihr weiter geht,
Was wählt Ihr für eine Fakultät?

SCHÜLER:
Ich wünschte recht gelehrt zu werden,
Und möchte gern, was auf der Erden
Und in dem Himmel ist, erfassen,
Die Wissenschaft und die Natur.

MEPHISTOPHELES:
Da seid Ihr auf der rechten Spur;
Doch müßt Ihr Euch nicht zerstreuen lassen.

SCHÜLER:
Ich bin dabei mit Seel und Leib;
Doch freilich würde mir behagen
Ein wenig Freiheit und Zeitvertreib
An schönen Sommerfeiertagen.

MEPHISTOPHELES:
Gebraucht der Zeit, sie geht so schnell von hinnen!
Doch Ordnung lehrt Euch Zeit gewinnen.
Mein teurer Freund, ich rat Euch drum

Zuerst *Collegium Logicum.*
Da wird der Geist Euch wohl dressiert,
In Spanische Stiefeln eingeschnürt,
Daß er bedächtiger so fortan
Hinschleiche die Gedankenbabn
Und nicht etwa, die Kreuz und Quer,
Irrlichteliere hin und her.

Dann lehret man Euch manchen Tag,
Daß, was Ihr sonst auf Einen Schlag
Getrieben, wie Essen und Trinken frei,
Eins! Zwei! Drei! dazu nötig sei.

Zwar ists mit der Gedankenfabrik
Wie mit einem Webermeisterstück,
Wo Ein Tritt tausend Fäden regt,
Die Schifflein herüber hinüber schießen,
Die Fäden ungesehen fließen,
Ein Schlag tausend Verbindungen schlägt.

Der Philosoph, der tritt herein
Und beweist Euch, es müßt so sein:
Das Erst wär so, das Zweite so,
Und drum das Dritt und Vierte so,
Und wenn das Erst und Zweit nicht wär,
Das Dritt und Viert wär nimmermehr.
Das preisen die Schüler aller Orten,
Sind aber keine Weber geworden.

Wer will was Lebendigs erkennen und beschreiben,
Sucht erst den Geist herauszutreiben,
Dann hat er die Teile in seiner Hand,
Fehlt, leider! nur das geistige Band.
Encheiresin naturae nennts die Chemie,
Spottet ihrer selbst und weiß nicht wie.

SCHÜLER:
Kann Euch nicht eben ganz verstehen.

MEPHISTOPHELES:
Das wird nächstens schon besser gehen,
Wenn Ihr lernt alles reduzieren
Und gehörig klassifizieren.

SCHÜLER:
Mir wird von alle dem so dumm,
Als ging' mir ein Mühlrad im Kopf herum.

MEPHISTOPHELES:
Nachher, vor allen andern Sachen,
Müßt Ihr Euch an die Metaphysik machen!
Da seht, daß Ihr tiefsinnig faßt,
Was in des Menschen Hirn nicht paßt;
Für was drein geht und nicht drein geht,
Ein prächtig Wort zu Diensten steht.
Doch vorerst dieses halbe Jahr
Nehmt ja der besten Ordnung wahr!
Fünf Stunden habt Ihr jeden Tag;
Seid drinnen mit dem Glockenschlag!
Habt Euch vorher wohl präpariert,
Paragraphos wohl einstudiert,
Damit Ihr nachher besser seht,
Daß er nichts sagt, als was im Buche steht;
Doch Euch des Schreibens ja befleißt,
Als diktiert' Euch der Heilig Geist!

SCHÜLER:
Das sollt Ihr mir nicht zweimal sagen!
Ich denke mir, wie viel es nützt;
Denn was man schwarz auf weiß besitzt,
Kann man getrost nach Hause tragen.

MEPHISTOPHELES:
Doch wählt mir eine Fakultät!

SCHÜLER:
Zur Rechtsgelehrsamkeit kann ich mich nicht bequemen.

MEPHISTOPHELES:
Ich kann es Euch so sehr nicht übelnehmen,
Ich weiß, wie es um diese Lehre steht.
Es erben sich Gesetz' und Rechte
Wie eine ewge Krankheit fort;
Sie schleppen von Geschlecht sich zum Geschlechte
Und rücken sacht von Ort zu Ort.
Vernunft wird Unsinn, Wohltat Plage;
Weh dir, daß du ein Enkel bist!
Vom Rechte, das mit uns geboren ist,
Von dem ist, leider! nie die Frage.

SCHÜLER:
Mein Abscheu wird durch Euch vermehrt.
O glücklich der, den Ihr belehrt!
Fast möcht ich nun Theologie studieren.

MEPHISTOPHELES:
Ich wünschte nicht, Euch irrezuführen.
Was diese Wissenschaft betrifft,
Es ist so schwer, den falschen Weg zu meiden,
Es liegt in ihr so viel verborgnes Gift,
Und von der Arzenei ists kaum zu unterscheiden.
Am besten ists auch hier, wenn Ihr nur Einen hört
Und auf des Meisters Worte schwört.
Im ganzen: haltet Euch an Worte!
Dann geht Ihr durch die sichre Pforte
Zum Tempel dcr Gewißheit ein.

SCHÜLER:
Doch ein Begriff muß bei dem Worte sein.

MEPHISTOPHELES:
Schon gut! Nur muß man sich nicht allzu ängstlich quälen;
Denn eben wo Begriffe fehlen,
Da stellt ein Wort zur rechten Zeit sich ein.
Mit Worten läßt sich trefflich streiten,
Mit Worten ein System bereiten,
An Worte läßt sich trefflich glauben,
Von einem Wort läßt sich kein Jota rauben.

SCHÜLER:
Verzeiht, ich halt Euch auf mit vielen Fragen,
Allein ich muß Euch noch bemühn.
Wollt Ihr mir von der Medizin
Nicht auch ein kräftig Wörtchen sagen?
Drei Jahr ist eine kurze Zeit,
Und, Gott! das Feld ist gar zu weit
Wenn man einen Fingerzeig nur hat,
Läßt sichs schon eher weiter fühlen.

MEPHISTOPHELES (für sich):
Ich bin des trocknen Tons nun satt,
Muß wieder recht den Teufel spielen.
(Laut:)
Der Geist der Medizin ist leicht zu fassen;
Ihr durchstudiert die groß' und kleine Welt,
Um es am Ende gehn zu lassen,
Wie's Gott gefällt.
Vergebens, daß Ihr ringsum wissenschaftlich schweift,
Ein jeder lernt nur, was er lernen kann;
Doch der den Augenblick ergreift,
Das ist der rechte Mann.
Ihr seid noch ziemlich wohl gebaut,
An Kühnheit wirds Euch auch nicht fehlen,

Und wenn Ihr Euch nur selbst vertraut,
Vertrauen Euch die andern Seelen.
Besonders lernt die Weiber führen!
Es ist ihr ewig Weh und Ach
So tausendfach
Aus Einem Punkte zu kurieren,
Und wenn Ihr halbweg ehrbar tut,
Dann habt Ihr sie all unterm Hut.
Ein Titel muß sie erst vertraulich machen,
Daß Eure Kunst viel Künste übersteigt;
Zum Willkomm tappt Ihr dann nach allen Siebensachen,
Um die ein andrer viele Jahre streicht.
Versteht das Pülslein wohl zu drücken
Und fasset sie, mit feurig schlauen Blicken,
Wohl um die schlanke Hüfte frei,
Zu sehn, wie fest geschnürt sie sei.

SCHÜLER:
Das sieht schon besser aus! Man sieht doch wo und wie.

MEPHISTOPHELES:
Grau, teurer Freund, ist alle Theorie,
Und grün des Lebens goldner Baum.

SCHÜLER:
Ich schwör Euch zu, mir ists als wie ein Traum!
Dürft ich Euch wohl ein ander Mal beschweren,
Von Eurer Weisheit auf den Grund zu hören?

MEPHISTOPHELES:
Was ich vermag, soll gern geschehn.

SCHÜLER:
Ich kann unmöglich wieder gehn,
Ich muß Euch noch mein Stammbuch überreichen;
Gönn Eure Gunst mir dieses Zeichen!

MEPHISTOPHELES:
Sehr wohl!
(Er schreibt und gibts.)

SCHÜLER liest:
„Eritis sicut Deus, scientes bonum et malum."
(Machts ehrerbietig zu und empfieblt sich.)

MEPHISTOPHELES:
Folg nur dem alten Spruch und meiner Muhme, der Schlange!
Dir wird gewiß einmal bei deiner Gottähnlichkeit bange!

Den Nicht-Lateinern unter den Lesern sei der Stammbuch-Eintrag übersetzt. Er bedeutet zu deutsch: „Ihr werdet sein wie Gott, zu wissen das Gute und Böse". Wem das nichts sagt, der möge seine Bibel hervorziehen und im 1. Buch Mose, Kapitel 3 Vers 5 den Zusammenhang nachlesen. Dieser erklärt auch die folgende Anspielung auf Mephistos Muhme.

Der König in Thule

Es war ein König in Thule
Gar treu bis an das Grab,
Dem sterbend seine Buhle
Einen goldnen Becher gab.

Es ging ihm nichts darüber,
Er leert' ihn jeden Schmaus;
Die Augen gingen ihm über,
So oft er trank daraus.

Und als er kam zu sterben,
Zählt' er seine Städt' im Reich,
Gönnt' alles seinem Erben,
Den Becher nicht zugleich.

Er saß beim Königsmahle
Die Ritter um ihn her,
Auf hohem Vätersaale,
Dort auf dem Schloß am Meer.

Dort stand der alte Zecher,
Trank letzte Lebensglut,
Und warf den heiligen Becher
Hinunter in die Flut.

Er sah ihn stürzen, trinken
Und sinken tief ins Meer,
Die Augen täten ihm sinken,
Trank nie einen Tropfen mehr.

Erlkönig

Wer reitet so spät durch Nacht und Wind?
Es ist der Vater mit seinem Kind;
Er hat den Knaben wohl in dem Arm,
Er faßt ihn sicher, er hält ihn warm.

Mein Sohn, was birgst du so bang dein Gesicht? -
Siehst, Vater, du den Erlkönig nicht?
Den Erlenkönig mit Kron und Schweif? -
Mein Sohn, es ist ein Nebelstreif.

„Du liebes Kind, komm, geh mit mir!
Gar schöne Spiele spiel ich mit dir;
Manch bunte Blumen sind an dem Strand,
Meine Mutter hat manch gülden Gewand.“

Mein Vater, mein Vater, und hörest du nicht,
Was Erlenkönig mir leise verspricht? -
Sei ruhig, bleibe ruhig, mein Kind;
„Willst, feiner Knabe, du mit mir gehn?
Meine Töchter sollen dich warten schön;
Meine Töchter führen den nächtlichen Reihn,
Und wiegen und tanzen und singen dich ein.“

Mein Vater, mein Vater, und siehst du nicht dort
Erlkönigs Töchter am düstern Ort? –
Mein Sohn, mein Sohn, ich seh es genau:
Es scheinen die alten Weiden so grau –
‚Ich liebe dich, mich reizt deine schöne Gestalt;
Und bist du nicht willig, so brauch ich Gewalt.“

Mein Vater, mein Vater, jetzt faßt er mich an!
Erlkönig hat mir ein Leids getan! –
Dem Vater grausets, er reitet geschwind,
Er hält in Armen das ächzende Kind,

Erreicht den Hof mit Müh und Not;
In seinen Armen as Kind war tot.

Das Hexen-Einmaleins

Du mußt verstehn!
Aus Eins mach Zehn,
Und Zwei laß gehn,
Und Drei mach gleich,
So bist du reich.
Verlier die Vier!
Aus Fünf und Sechs,
So sagt die Hex',
Mach Sieben und Acht,
So ist's vollbracht:
Und Neun ist Eins,
Und Zehn ist keins.
Das ist das Hexen-Einmaleins.